親だからできる5つの家庭教育

ほんの木【編】

ほんの木

まえがき

毎日のように子どもたちが事件、事故で亡くなっていくニュースが報道されています。顔の見えない〝犯罪者〟によってだけでなく、友だちや近所の人、ときには親によって危《あや》められる場合もあれば、自ら命を絶つ子どもたちもいます。

また、最近の子どもたちについて、「自分勝手で我慢ができない」「対人関係が苦手で、誰かと一緒にいるよりも一人でいる方が楽に感じる傾向がある」「感情のコントロールが苦手で、すぐに他人のせいにする」「何をしたいかわからないためか、自分が楽しいことしかしない」「体力が低下していて、すぐにケガしたり病気になりやすい」「集中力、根気がない」「生命の大切についての意識が希薄」などといったことがしばしば指摘されます。

こうしたことの原因は一つだけではありません。しかし、日々、実際に起こっている子どもたちの危機的な状況を変えなければ、子どもたちを守ることはできません。子どもたちの身体も心も健やかに成長できる環境を作ることは、少なくとも家庭の責任だと思います。

そのために私たちは、家庭という身近なところから子どもとの関係をもう一度考え直していくことが大切だと考え、本書を編みました。

テレビやゲームに育児をまかせるのではなく、親子で話したり、笑ったり泣いたりすること、幼いうちから早期教育に走り、塾やお教室に通うのではなく、できるだけ近くの公園や広場で友だちと遊んだり、ケンカをしたりする経験からの学びを大切にすること。いい加減な性情報に迷わされずに、しっかりと自分と他人を捉え、生命の大切さを見つめる心を育てること……、こうしたことを家庭の中から始めてみたら、きっと子どもたちも変わり、すくすくと伸びられるに違いありません。

本書は、小社が２００２年から２００５年までの３年間に刊行した「子どもたちの幸せな未来」シリーズ18冊の中から、今、子どもたちを守るために必要なことを「親だからできる５つの家庭教育」としてまとめたものです。それぞれのさらに詳しい内容をお知りになりたい方は、各文章の出典となった小社「子どもたちの幸せな未来」シリーズのバックナンバーを、２１８ページから２２３ページに掲載しました。ご覧ください。

また、「ほんの木」では、子育てや教育についての情報をブログで少しずつですが流しています。一度ご覧になっていただき、ご意見、ご感想をいただければ幸いです。

ほんの木は今後も、子育て、育児、教育問題についての本づくりに真摯《しんし》に取り組んでいくつもりでおります。引き続きご支援くださいますようお願いいたします。

競争のない教育と子育てを考えるブログ　http://alteredu.exblog.jp/
ほんの木のホームページ　http://www.honnoki.co.jp

２００６年６月

ほんの木編集部

目次

まえがき……2

第1章　早期教育より、家庭教育……9

幼児には遊びと生活の豊かさを……10
汐見稔幸（白梅学園大学学長）

子どもの〝自立する力〟を邪魔しないで……31
見尾三保子（「ミオ塾」主宰）

脳の発達への誤解と早期教育……44
小西行郎（東京女子医科大学教授）

子どもを育てる汚れる遊び、危ない遊び……57
内田幸一（学校法人いいづな学園理事長）

第2章　テレビ・ゲームより、共感力を育てる家庭教育……71

人間関係が上手な子どもを育てるために……72
佐々木正美（児童精神科医）

テレビのない生活は楽しい！……82
吉良　創（NPO法人南沢シュタイナー子ども園教師）

第3章　親子の絆《きずな》が強くなる家庭教育……99

親の性格と家庭の事情に添った子育てが一番いい……100
毛利子来（小児科医）

おうかがい症候群にかかっていませんか？……118
青山　繁（NPO法人「大地」理事長）
専業主婦、共働き夫婦の子育て……122
高木紀子（臨床心理士）

第4章　元気な体を育てる家庭教育……133

免疫力を高めて子どもの心と体を守る……134
西原克成（医学博士・西原研究所所長）
子どもの歯と矯正……163
岩附　勝（トーユー矯正歯科院長）
子どもを危険な食品から守るために……176
安部　司（自然海塩「最進の塩」研究技術部長）

第5章　性と生命の大切さを伝える家庭教育……185

どうしてますか？　子どもの性（いのち）の教育……186
北沢杏子（「性を語る会」代表）

「性」を大切にした出産と生に寄り添って……202
矢島床子（助産師）

本書にご登場いただいた14人の方々……212

出典資料……218

装丁・デザイン／渡辺美知子
カバーイラスト／今井久恵
章扉イラスト／藤村亜紀

第1章

早期教育より、家庭教育

幼児には遊びと生活の豊かさを

汐見稔幸《としゆき》（白梅学園大学学長）

早期教育の現状

2～3歳の子どもに教育を受けさせることは最近始まったことではありません。英才教育といわれ、昔からあったことです。ただ、それはとても特殊な、ほんの一部の人しか関心のないことでした。しかし、バブルの盛んだった1980年代末ごろから早期教育を看板にした教室がたくさんでき、教育熱心な親が「少しでも優秀な子どもに」と考え、そうした教育をわが子に受けさせるようになっていきました。その時期はちょうど石油依存の重厚長大型の産業の先が見えて、軽薄短小型の産業に転換していかなければならないといわれたころです。教育産業は21世紀に向けた主要な産業になっていくという分析から、いろいろな企業が教育分野に参入してきたという面もあったと思います。

当時はまだ早期教育の問題点がいわれていない時期でしたが、私はいくつかの教室を実際に見せていただきました。しかし、どう見ても子どもたちが元気にやっているとは見えませんでした。あまり吟味《ぎんみ》されたとは思えない訓練的な教育方法で、子どもたちにどんどん文字や数を教え込んだり、脳を鍛《きた》えるという形で進めていました。また、いくつかの教室では競争をあおる風潮がエスカレートしていきました。

バブルが過ぎたころに、テレビなどのマスコミで早期教育の様子を報道する番組が増え、「ちょっとおかしい」という感じが出てきました。幼児期から文字や数を教えることに熱心だったある塾では、内部のモニター制度で生徒のその後を調べた結果、幼児期に優秀であった子どもが必ずしも優秀なまま育っているとは限らない、むしろ精神的な混乱を呈している子どももいる、一生懸命にがんばらせればがんばらせるほど社会性がなくなってしまうことも多いといったデータが出ていました。

こうして、1990年代の初めには、幼いうちから訓練すれば優秀になるほど子どもの成長は単純ではない、むしろ問題を抱えてしまう子どもがたくさんいる、ということが常識になってきました。

しかし、早期教育は減るどころかますます盛んになっていきました。例えば、NHKの「すくすくネットワーク」という育児番組で「何歳からお稽古《けいこ》事をさせたいですか?」というアンケートをとったところ、平均年齢は2・5歳でした。つまり、2歳児ないしは3

歳児からお稽古事をさせたいと思うのが普通になっているということです。

こうした理由の一つに、90年代の後半になればなるほど、孤立して育児をする人が増え、朝から晩まで母親だけで子どもを見ていることに耐えられなくなり、追いつめられて、虐《ぎゃく》待《たい》をしてしまう親が増えてきたことが挙《あ》げられます。できたら家の外に子どもを連れて行き、親自身もストレスを発散できるような場が欲しいということで、親のたまり場のようなものを多くの人が求めるようになりました。しかも、そこで子どもが勉強でき、少しでも伸びることができれば一挙両得ではないかということで、こうした教室への需要が高まっていったのです。

二つめとしては、バブルが崩壊した後に日本の学歴社会が崩壊の兆《きざ》しを見せ始めたことが挙げられます。大企業の倒産が頻繁《ひんぱん》に起こったことで、偏差値を上げて有名大学に入り、大企業に入れば一生幸せに過ごせるというサクセスストーリーが描けなくなりました。そして、偏差値を上げているだけでは駄目だ、何か自分が誇れるような技術を持っていないと社会の中で生き残っていけない、一芸に秀《ひい》でさせた方がいいといって、ある種の一芸主義が親の教育目標になっていったのです。そして、わが子にとって何が一芸になるのか、どうやってそれを発見すればいいのかが注目され、そのためにはいろいろな習い事をさせてみなければわからないだろう、となってきたのです。こうして、従来の勉強だけでなく、さまざまな教育機関に早期から通わせようという雰囲気が90年代以降に強くなっていきました。

三つめには、「早期教育」という言葉が少し心配な言葉になってきたということで、「うちは早期教育をしていません」という業者が増えてたことも挙げられます。悪い評判が立った業者はつぶれてしまいますから、子どもに無理をさせてはいけない、遊びのような感じで知らないうちに勉強になっている、練習しているという方が大事なのだといい始めたのです。言い方だけでなく、実際の子どもたちへの教え方もずいぶん改善されていきました。

その結果、現在では教室で楽しく遊んでいるのに、親がむしろ「○○ちゃんの方が先に行っちゃったじゃないの? がんばりなさいよ!」と叱咤激励《しったげきれい》して、訓練的になってしまうことに対して、指導者が困っている塾や教室が多くなっています。それでは子どもはだんだんイヤになってしまいますから、教室の経営者は親に「お願いだから無理をさせないでください。ここに来るだけで十分です」といい始めています。

このようにして、この10数年の間に無茶な早期教育はかなり姿を消しました。いまでも早期教育を標榜《ひょうぼう》しているところも若干はありますが、多くの教室では1～3歳から形式的な訓練をすることは、かえって子どもをおかしくしてしまうことがあると心得ています。

その子の年齢に応じて楽しくやっていく中で、「興味を持ったり、関心がわけばやがて自分からやり始めますから」という雰囲気の教室が多いのが現状です。

つまり、早期教育への批判がある程度定着したために、子どもに無理をさせないで楽しいお稽古事ならいいのではないかと業者も提案するようになり、それに親が少しずつ乗るようになってきたわけです。その背景には、親の孤立化や学歴社会の変容を背景として、教室のニーズそのものはむしろ増えているという構図があると思います。

お稽古事の種類もアート系、音楽系、体育系などとかなり多様になってきました。中でもとくに増えているのは英会話関係や芸術系だと思います。親からの要望に答える形で、2歳児、3歳児のピアノ教室を開かざるを得なくなってきました。2~3歳児ではまだピアノが弾《ひ》けないので、和音を聞かせて当てさせたり、リトミック的なもの（リズムや音に対する身体的な反応や行動に着目した音楽教育）を取り入れたりしています。それはそれで賢明なやり方だと思います。

家庭の早期教育的な雰囲気はあぶない

こうした現状を見てみると、「早期教育」とひとくくりにして単純に是非を判断することが難しくなってきているといえるでしょう。それぞれの塾や教室の中身を吟味して丁寧《ていねい》に議論されなければいけないと思いますし、朝から晩まで子どもと二人きりで育児をしなければいけないことに親が耐えられないのであれば、近所のいい教室に連れて行けば、その方が親にもいいというケースもあります。

ところが、今の若い親の世代は、小さいときから塾や学習塾でお稽古事や勉強をするのが当たり前だと思って育っていますから、塾や教室に比較的抵抗感を持っていません。自分は中学から塾に行ったけれど、自分の子どもはできれば幼稚園から行かせたいと思う人も多くなっています。ただし、それで子どもたちがうまく育っていくかというと、また別の問題です。

現在の親や子育ての状況を考えると、2～3歳までに、少なくとも4歳くらいまでに教室や塾に連れていきたいという気持ちはわからなくはありません。けれども、少なくとも4歳くらいまでの習い事では、上達をさせようと考える必要はないですし、むしろ考えない方がいいということはいえます。楽しく遊んでいるうちに、それに興味を持つ程度の効果以上のものを期待してはいけません。

「こんな遊びみたいなことをやっているだけで、なぜ月謝を払わなければいけないの？」と思うくらいの教室がもっともいいのです。2歳くらいの子どもに「ハイ、並んで」「順番だよ」とやっている教室はかえって心配です。

親から見れば後者の方が熱心に見えるかも知れませんが、2～3歳から指示され、命令され、激励され、評価されるという世界が入り込んでくると、子どもはまわりの大人に良く思われようと、小さくまとまっていくしかないからです。自分がやりたいことをどんどんやっていく、やりたくないことは「やりたくない」とはっきりいえるような自我が育っていくとは思えません。

しかも、心の深いところにある（本当はこんなことはやりたくない、もっと自分らしく生きたい）という気持ちや、（もっと好きなことを何時間でもやっていたい）という子どもらしい欲求を我慢するしかありませんから、大人に合わせる自我が強くなって、自分らしさを大切にする自我は育ちません。それでも無理を続けると、どこかで歪《ゆが》みが出たり、親への恨《うら》みとなって、あるときに――たとえば思春期あたりに反抗的になったり、無気力になりかねないのです。

一方、早期教育がすべて悪いとも言い切れません。早期教育の一つひとつがその子の発達にどういう影響があるかは、研究者の間でもわかっていません。しかし、家庭が安易に〝早期教育的な雰囲気〟を作ってしまうと、子どもにとってかなりマイナスになってしまうということはいえると思います。

〝早期教育的な雰囲気〟とは、「負けないで、がんばらなければいけない」「どんどん難しいことにチャレンジしていかなければいけない」といった、「いけない」「ねばならない」「人に勝つことが大事だ」ということが、知らず知らずにはびこってしまっているような家庭の雰囲気のことです。子どもをおかしくしてしまうのは、早期教育の一つひとつではなく、実はこうした家庭の中の〝早期教育的な雰囲気〟であることが意外と多いのです。

子どもの育ちを考えるときは、良い悪いについて過度に評価しないということが大事です。けれども親からすると「がんばっている姿を見せて欲しい」「せっかく行っているのだから上達して欲しい」という気持ちがどうしても出てしまいます。そして、いつの間にか「がんばれ、がんばれ」という雰囲気になってしまうのです。

繰《く》り返しになりますが、4歳以前のお稽古事は、親が楽をするためにちょっと洗練された遊び場所を子どもに提供している程度なのだ、そこで、もし何かに興味を持ってくれれば儲《もう》けもの、という程度で考えているのがちょうどいいのです。

教室や塾の上手な使い方

しかし、頭ではわかっていても期待しないではいられないのが親です。だから、近所に子育て支援センターや児童館があるのなら、そこを上手に活用すれば教室には行かなくてもいいでしょう。そういう場所に子どもと一緒に行き、絵本を読む方法を教えてもらったり、どういう音楽を聴かせればいいのかを相談したり、親と一緒にどんな歌を歌えばいいのか、どういうおもちゃがいいのかを聞いて、家で適当にやるだけでもいいのです。

少なくとも4歳くらいまでは、特別に教育的な環境を整えなくても、興味のあるものを気が済むまでさせてあげるだけで十分ですし、親と一緒に絵を描いたり、歌を歌ったりする体験を適切にやっていれば、その子が持っている内的な潜在力は少しずつ花開いていきます。そういったことが自分でできる、あるいは自分の近所にそういうことをさせてくれる場所がある、助けてくれる場所がある人は、わざわざ塾や教室に行く必要はありません。

残念ながら、現代社会はかならずしもそういった助けになる場所や人が近所にいません。教室や塾に行くことで他のお母さんに出会ったり、教室の先生にアドバイスをしてもらって、初めてわかることも多いと思います。

教室の側も、ピアノや英語といった習い事を教えるだけでなく、親御さんのいろいろな悩みや育児相談に乗ったりするようになってきています。教室の指導者もそのことがわかってきているので、親御さんにどういったサポートが必要かという知恵を出さなくてはいけなくなっています。その意味では、いろいろな教室や塾が子育て支援機関のような働きをするようになってきているといえるでしょう。親は、自分のまわりにあるそうした機関や人を、自分や子どもの状態に合わせて上手に使っていってほしいと思います。

暮らしの基本に豊かな体験を置く

ところで、先ほどから「少なくとも4歳くらいまでは」という言い方をしてきました。これは、4歳ないし5歳を超えると、子どもはいやなら「いや」といえるようになりますし、なぜこの習い事をやるのかということもある程度理解し、言葉でコミュニケーションもできるようにもなります。習い事は、それから本格的に始めても十分に間に合います。データでも、それ以前に始めた子どもの方が優秀で、4~5歳から始めた子どもが劣るということはありません。モーツァルトやベートーベンも本格的に始めたのは4歳以降です。それまでは見よう見まねで遊んでいただけですから、4歳くらいまでは遊びの延長で十分だと思います。

別の見方からいうと、はっきりいって今の子どもたちは遊びが足りません。親のせいでも子どものせいでもありませんが、子どもたちが地域社会の中で遊びほうけるということができなくなっています。ちょっと前までの子どもは、人生の最初の数年間を遊びほうけて育ちました。遊びほうけるということは、人生を楽しむ練習をしていたということです。自分で人生を意味づけ、自分で遊びを作り、気が済むまで遊ぶ。遊びは、仲間を作る能力やストレスに耐える能力、失敗したときに乗り越える能力などいろいろなものを訓練していますが、それがいまはできなくなってしまいました。子どもに体験をさせようと親が公園などに連れて行っても、「あれをやってごらん、これをやってごらん」といわなくてはならなくなっています。子どもは自分で考え、自分で選んでやっているのでなく、選ばされて、評価されてやっていることになりますから、その子が持っている潜在的な能力を自分で開発していくという一番大切なことができなくなっています。

遊びの体験を繰《く》り返しながら大きくなると、好きなだけではいけない世界があることを実感として知った上で、そういう自分を自分で引き受けようと成長していけるようになるものです。

子どもの成長にとって一番大切なのは、早く習い事をすることよりも、その子の遊びの世界や体験の世界がどれだけ豊かになっているのかです。子どもの体験を豊かにするための一つとして教室や塾も利用するという発想が欲しいと思います。

かといって、毎日いろいろな教室や塾に行っている子どもが豊かな体験をしているとは限りません。子どもの生活全体を眺《なが》めて、子ども自身のペースでやっている自発的な遊び、自分のペースで選んでいる遊びの世界を持っているかどうかです。さらには、土をいじり、花の匂《にお》いを嗅《か》ぎ、冷たい水に触れ、ひやっとした空気を味わうというように、子どもが体で記憶していくような体験をしているかどうかを見てください。そうしたベースがあってお稽古事をしているかどうかです。そうした体験の豊かさが子どもの基本にあるのなら、お稽古事が生きてくる確率が高くなります。

ただ、いくら「遊びながら」といっても、子どもからすれば決められた時間帯に、決められた場所に行って拘束《こうそく》されているわけです。しかも、だんだん難しくなってくると「僕、やりたくない」「なんであんなことをしなければいけないの」という気持ちが出てきます。親からすれば「せっかく1年半もやったのに、なんでいまやめるっていうのよ」という気持ちになります。月謝を払っているわけですから、「がんばって続けようね」「もう少しやろうね」となり、知らず知らずのうちに「がんばれ、がんばれ」と〝早期教育的な雰囲気〟になってしまいがちです。こういうことを子どもがいったときには、あまり無理強いしないようにしてください。あくまでもベースは遊びや自然の中での実体験に置き、そこを踏まえた上で、適度に塾や教室に行くというスタンスです。

そういった体験を豊かに行うことは困難になっていますが、「子どもにとって一番大事なのはそれだ」という気持ちが親にないと、おもしろいお稽古事が見つかったからそれに行かせて満足してしまうということが起こります。そして、お稽古事から帰ってきたらテレビを見たり、ゲームをやるだけで、生活そのものがどんどん受け身になってしまいます。そういう状態を放置しておいて、お稽古事だけ「がんばりなさい」というのでは逆転しています。特に「がんばりなさい」という雰囲気のなかで育ってきた親は、この早期教育的な雰囲気にはまりやすいものです。

親が目指さなければいけないのは、わが子の生活の豊かさであり、体験の豊かさであり、遊びの豊かさであるということは忘れないでください。そこを忘れてしまうと、子どもへの想いがあだになってしまうことも起こりかねません。

遊びは頭脳を鍛える

子どもの持っている潜在的な能力はじーっと部屋にいても発芽していきません。小さいときから無理のない範囲で子どもの心身、頭の能力、心の能力を鍛《きた》えていくような積み重ねが必要ですが、大げさに考える必要はありません。積み木が好きになってきたら積み木やブロックで遊ぶ、ごっこ遊びが大好きになってきたらごっこ遊びをいっぱいする、砂場遊びが好きだったら砂場で思い切り遊ばせてあげる、お手伝いができるようになったら

「ちょっとこれをやってちょうだい」といって何かのお手伝いをさせてあげる、こうしたことを丁寧《ていねい》にしていくことが大切です。つまり、難しいことをする必要はありませんが、人の遺伝子に組み込まれているような能力を顕著《けんちょ》なものにしていくためには、その力を使わなければいけないということです。

学力との関係でいえば、頭を使う体験を小さいときからどれだけ豊かにしてきたかということが大切です。この点でも遊びは重要です。外でいろいろな遊びをしている中で失敗して「どうしたらうまくいくかなあ」と考えたり、友達と喧嘩《けんか》をして「どうしたら仲直りできるかなあ」と必死で考えることが、頭を鍛《きた》えてくれるのです。

遊んでいるときは、臨機応変にいろいろなことに対応しなければなりません。人間の頭脳は新しいシチュエーションに置かれたときに「どうしようか」と考えるケースで最も働きます。多様な遊びは、つまり多様に頭を使うことなのです。逆にいえば、マンネリ化した遊びしかしていないということは、あまり頭を使っていないと思った方がいいでしょう。その場合は、絵本を読んであげたり、折り紙をさせたり、ブロック遊びをさせてあげたりと、手先をいっぱい使う遊びや考えるような遊びを意識的に体験させてあげてください。

付属学校の校長をしていた私の立場から見ていると、最近は、小学校に入るまでにそうした体験をいっぱいしている子どもと、そういうことに全く配慮のなかった子どもに二分されている傾向があるように感じます。

どうやって子どもに関わったらいいのかわからない親や、子どもは放っておけばなんとかなると考えて丁寧《ていねい》にいろいろなことをさせていない家庭の子どもは、結局、毎日テレビを見たり、テレビゲームをやっているだけになってしまいます。すると、自分で考えて工夫をしたり、表現したりする訓練が十分に育っていないことがあります。そのまま小学校に入って机に座り、いきなり勉強が始まると、そうした頭の使い方に慣れていないから「勉強って難しいなあ」「やだなあ」という気持ちになってしまいがちです。

幼児期に体験の蓄積がなかったり、集中する体験がなかった子ども、それから、お稽古事をやりすぎている子どもは心配になります。いい意味での知的な体験や、いい意味での体を使う体験、いい意味で人と関わる体験が十分になかった子どもは、その子の持っている潜在的な能力が開発されていないからです。

もう少し具体的に、小学校での勉強についていくために必要な準備の平均値みたいのことを目安としていいますと、平仮名は自分の名前だけでなく、もう少し読めた方がいいと思います。しかし、漢字を読める必要はありません。データによると、自分の名前などの15~16個くらいの平仮名を読める子どもと、ほとんど全部読めてしまう子どもに二極化していて、その中間がいなくなっています。ある程度読めるようになると、自分で興味を持って読めるようになるからです。

文字に興味を持ったときにはあちこちの看板を見て知っている字を確認し合うとか、おばあちゃんに手紙を書こうといって親が書いてやるなどして、多少は文字に興味をもたせるようなことをしてあげてください。小学校に入ったときにゼロからのスタートではないようにしてあげた方が、学校の勉強に無理なく入れる確率は高くなると思います。

ただし、一文字も読めなくても、絵本を読んで欲しいという気持ちがとても強くて毎日何冊も絵本を読み聞いていたような子どもであれば、小学校に入って文字を覚え始めた途端に、「あ、自分で読めるんだ」と嬉しくなってどんどん本を読むようになると思います。

逆に、本を読むことが嬉しい、本を読んでもらうのは嬉しいという気持ちを育てていない子ども、そういう能力の使い道を持っていない子どもは伸びにくいといえると思います。

子どもの才能を育てる親の眼差し

子どもの才能を引き出すことは、たやすい作業ではありません。才能は子どもの潜在的な可能性や能力に対応します。どういう潜在的な能力が隠れているかというのは、それほどすぐに見えるわけではありません。いろいろな教室に行かせれば、どれかが育つだろうというのは幻想です。私は親御さんに、子どもはいろんな能力を持っているけれど、それを全て引き出すことは不可能に近いですよ、といっています。

しかし、この子は理科系タイプだとか、芸術系のタイプだというある程度の芽は幼児期にも出ています。大切なことは、子どもにいろいろな体験をさせてあげたときに、この子にはこういう能力があるんじゃないか、こういう才能があるんじゃないかと見抜く、親の冷静な眼差《まなざ》しがあるかどうかでしょう。それによって、その子の才能がどのくらい引き出せるかが決まってくると私は思います。

たとえば、兄弟げんかをしているときに、よく見ていると、お兄ちゃんはものすごく理詰めで迫ってくるのに、弟は感情がいっぱいあるけれど、言葉にできないからいつもやられているというようなことがあるとします。

そのときに、お兄ちゃんのあの理詰めの能力はすごい。あの子は弁護士がいいんじゃないかとか、理科系の理屈で物事に迫っていくような仕事をさせたら伸びるよね、というふうに見る。一方で、弟は言葉にできないからいつもやられているけれど、時々ぱっといいことをいう、潜在能力はいっぱいあるけれど、どういうふうに表現したらうまく表現できるかを一生模索するタイプだから芸術家が向いているんじゃないか、というように見るわけです。

あるいは、人のやらなければならないことに先に手を出して、いつも叱られている子がいて、「あなたはやらなくてもいいのよ。黙っていなさい」といっても、また手を出すタイプの子がいます。そういうときに「あの子は人のやっていることに黙っていられないんだ、自分ができるからやってあげたいと思ってしまうのね。お節介だけれど、人のやることなすことが気になって仕方がないタイプだから、もしかしたら人の世話をする仕事が向いているんじゃないかな」と考えられる親であるかどうか。

親馬鹿かもしれませんが、この子にはこういう能力があるはずだという想いをかけていくことが、実はその子の才能を育てるということではないでしょうか。親が「うちの子にはこういう力があるんじゃないか」という見方をしていないのに、その子が才能が伸びるということは通常はないと思います。

人間の潜在的な能力が社会に出たときにどう花を開くかは幼児期ではわかりません。でも、ある種の性格のような形としては出てきています。それを、あれがあの子のいいところかもしれない、あれを伸ばしてあげたらよい人間になるかもしれないと見て、期待してあげる眼差しが子どもを育てるのです。

現代の親に必要な能力

しばらく前まで、子どもは地域社会に放牧されて育ちました。昔は親が一から十まで子どもを育てていたわけではありません。あちこちに家族の厩舎《きゅうしゃ》があり、出入り自由で、みんなからしつけを受け、夕方になったら自分の厩舎に戻されて餌《えさ》を与えられ、翌日になったらまた地域社会に放牧され、遊びほうけていました。子どもたちはその中でいろいろな体験をたくさんしていました。いろいろな人と出会いながら、友達同士でたくらんで遊んでいました。放牧されたことで、自分の人生を自分で作る練習をしていたわけです。それは、家庭の中で親が「これをやってみろ」というよりも、ある意味効果的な教え方であり、育ち方でした。つまり、地域総ぐるみで子どもに体験させ、育てていたわけです。

その放牧ができなくなってしまった現在では、自宅という厩舎の中でわが子を育てなければならなくなりました。親は子どもを客観的に見られないし、子どもへの期待が強すぎて「なぜそんなことができないんだ！」といってしまったりと、子どもの心を傷つけやすくなっています。

かといって、小さいときから誉《ほ》めてばかりいると、「自分はできる」とうぬぼれて、実際の能力とのギャップに悩んだりする子どももいます。プライドが高くなって、かえって不自由になってしまうこともあります。

こうした現実を考えれば、いまの親に一から十まで「あなたがやりなさい」といって責任を背負わせることは間違っています。親を責めても仕方ありません。親として十全《じゅうぜん》な人間になりなさいと要求しても、そんなことができるはずがありません。子どもを少しはお稽古ごとにも行かせるのもいいでしょうし、体を鍛えてあげようと思ってスイミング教室に行かせることもいいでしょう。

いまの親としてやるべきことは、子どもがうまく育つように現代風の放牧環境を作ったり、実際の放牧を考えることです。放牧の中で育てなければならないことはこれで、親として厩舎の中で育ててなければならないことはこれだ、というふうに上手に分けてバランスをとる必要があります。

例えば、自然に触れることが少ないから土日はできるだけ自然の中に連れて行こうとか、友達と触れるチャンスが少ないから、家族ぐるみのつきあいの中から友達ができるように配慮をするとかいったことです。そういった配慮をしながら、従来は放牧でできたことをやや人工的な放牧で今風にやっていく知恵を学んでいく。もちろん、絵本を読んであげるとか、子どもと一家団欒の時間を持つ、親子で一緒に笑えるような時間を作るといった家庭の中でやらなければならないこともたくさんあります。
けれども、体の能力、遊ぶ能力、社会性といったことは家庭の中では育てにくい。だから、うまく放牧してあげる。その知恵やバランスの取り方が現代の親に要請されている家庭の教育能力なのです。そのためには知恵と、ちょっとした行動への勇気が必要になります。

つまり、親として自分達ができることとできないことを見極めて、できないことは公的な施設や教室、塾にまかせたり、どこでできるかという情報を収集することが大切なのです。インターネットやメールでやりとりすれば、そうした情報を手に入れることはそう難しくはありません。「××さん来てみない？」「どこで」「どこそこよ、楽しいわよ」と聞いて行ってみて「本当に楽しかったなあ」という人と、対人関係が苦手で情報が得られずに、「今日も朝から晩まで子どもと二人なのかしら……」と悩んでしまう人では差が出てしまいます。

何でも自分でしようとするのではなく、他人に委《ゆだ》ねることは委ね、人にまかせることは率直にまかせる、その見極めをすることが大事なのだと思います。

（出典：「子どもたちの幸せな未来　新5早期教育と学力、才能を考える」）

子ども〝自立する力〟を邪魔しないで

見尾三保子（「ミオ塾」主宰）

洋服から手を離さない母親

先日、娘が孫を連れてやってきたときのことです。私たちが話をしていると「ゴッツン！」という大きな音がしました。部屋を一人で探検していた孫が転んだのです。しかし、孫は泣くこともなく、しばらくすると「平気だよ」といっているかのようにニコッと笑いました。

娘に聞いてみると、１歳児検診で段差から落ちるテストをしたときには「この子は背中から落ちる」と医者がびっくりしたそうです。それまでに何度も落ちた経験があったので、頭を打たないように自然に背中から落ちるようになったというのです。

娘の子育てを見ていると、ケガをしないように危険なものは部屋に置かないようにしていますが、転んだり、ちょっとした段差から落ちたくらいでは何もしません。

いつ何が起こるかわかりませんから常に見守ってはいますが、手は貸しません。そのせいで孫は、自分で考え、自分のやりたいことを一日中やっているそうです。

私の家に来た孫がイスに座っていたときのことです。何かの拍子に、手に持っていたビー玉が股《また》の間からポロっと落ちました。すると、また一つ、また一つと次々に落とし始めました。

私が娘に「何をやってんのかな?」というと、「ニュートンよ」といいました。私たちにとっては物が落ちるということは当たり前のことですが、幼児にとっては、手から物を離したら落ちる、という初めての経験を熱心に、飽《あ》きずに繰《く》り返し行っていたのです。おそらく「落ちる」ことを発見し、実感として体験していたのでしょう。

孫は、一日中自分の好きなことをやっています。よく疲れない、よく飽《あ》きないと思うほど、一秒もぽかんとしていません。一つのことに夢中になると、そればかりやります。親が手を貸さないから、「自分でする」ことが身についているようです。

公園に行って滑り台を見ていると、子どもの洋服をずうっとつかんで滑《すべ》らせている親御さんがいます。また、子どものやりたいように滑らせて、しかし落ちたときのことを考えて身構えている親御さんもいます。

ほとんどすべての親が最初から最後まで洋服をつかんでいますが、私はこれはとても象徴的なことだと思います。私の塾には小学生から高校生までが来ていますが、多くの親は赤ちゃんのときからずっと洋服をつかんでいて、高校を出て大学に入るまで、つかみっぱなしだからです。

プレッシャーにさらされる子どもたち

私の塾にA君が来たときは、隣の席に座るB君に数学を教えてもらっていました。B君は数学が良くできて、代々木ゼミの全国模試で50番になったこともありました。

しかしA君がだんだんと力が付いてきて、あるときついにB君に数学を教えるようになりました。私は感心して、「きみ、力ついたわねぇ」とほめました。そして「お母さんに電話しなきゃね」というと、A君は即座に「やめてくださいよ」といいました。「なぜ?」と聞くと、できるようになったと聞くとお母さんが、さらに期待するから黙っていてほしいというのです。

それで思い出したのは、B君が代々木ゼミ模試の数学で全国50番になったときのことです。そのときのB君も「親には絶対にいわないでください」といいました。「そんなにできるようになったのなら、もうちょっとがんばらなきゃっていわれるから……」というのです。

受験を控えて、親御さんが心配しているから学力が上がったことを伝えようとすると、どの子も「やめてください!」「絶対にいわないでください」といいます。できるようになったことを親が知ったら、もっと期待するからというのが理由です。

親の期待のプレッシャーはそれだけ子どもにとって大変なのです。特に男の子の感じるプレッシャーは非常に重いようです。

家に帰りたくないD君

中学3年生のD君は、最初は1週間に3回私の塾に来ていましたが、受験を控えた12月頃からは、毎日来るようになりました。そのうえ、ほかの塾にも行っていました。土日は塾のハシゴです。親は金銭的な負担が大変でしょうが、「受験間近になったから勉強する気になったんだ」と思ったことでしょう。

しかし、私はあるとき気づきました。D君は家にいたくなかったのです。自分の部屋で一人で机に座り、「今日はこの勉強をしよう」と毎日取り組むのは苦痛です。テレビを見ていれば「勉強しなさい」といわれます。だから、家にいたくない、母親のそばにいたくない。土曜、日曜は1日が長いから、どっかの塾に行ってから私の塾に来る。あるいは、私の塾の後でどこかの塾に行く。非常に明るい子でしたが、親のそばにいないようにしていたのです。

あるとき、帰りがけにマンガ本を出して「先生、悪いけど、これ預かっといて」といいました。「それはいいけど、なんで?」というと、「こんなものカバンに入れてたら、おふくろが大変なんだぁ」。

脇で聞いていた小学校6年の女の子たちがケラケラと笑い出しました。

するとD君がいいました。「お前たちも中3になってみろ。そしたら、わかるから」。

世の中の子どもたちは、親の期待で押しつぶされようとしています。プレッシャーを誰かに話せる子どもはまだいいですが、誰にもいえずに自分で抱え込んでいる子がたくさんいることを知ってほしいと思います。

失敗してもそれも経験です。長い人生を生きていくのは結局は自分自身の力しかありません。お母さんがどこまで心配し、補助をしても、最後は自分の力で生きていかなければなりません。失敗したときの経験が、自分を大きくしたり、自分に力を与えるのです。失敗を恐れて、失敗しないようにとみんな親がやっていたのでは、その子が本当に生きていく力は身につきません。

数学ができるようになったさきほどのA君の口癖《くちぐせ》は「うるせー」でした。あるとき、「きみね、その、うるせーっていうの、やめなさい」というと、素直に聞いて、だいぶよくなりました。でも口癖だからときどき出てしまいます。

あるとき「うるせー」といってから、のけぞって「……くない！」といったことがありました。それから、そっくり返って「また、やっちゃった」と苦笑していました。

たぶんA君は、小さい頃からお母さんに、ああだこうだいわれて、それに対して「うるせー、うるせー」といっているうちに口癖になったのではないでしょうか。もしかしたら、今の子どもたちが「うるせー」というのは、いくつになっても洋服を持ち続けている親たちへの反発なのかもしれません。

注意力を養う「勉強」はいらない

私の塾では、学校の勉強だけでなく、オリジナルの教材を使って頭の体操のようなことを行っています。頭を「ひらめく」ようにするためです。それは学校の教科にも、入試にも必要なことだからです。その中の一つは、左に完成した絵を置いて、それと同じになるように、右の絵に線を書き足していくというもので、一枚に10題あるものが25枚あります。

簡単そうですが意外に難しくて、全部ができた人は高校生を含めても一人もいません。

提出された解答用紙を私が見て「はい、書き直し」と返すと、自分はできたと思っている子どもたちは、「自分はなんて不注意なのだろう、こんなところを見落としてた」と思い、だんだんと注意深くなっていきます。最近の子どもたちは10年前の子と比べても注意力が足りませんし、勘《かん》も悪くなっているので、そこを補うためにこうした練習をしているのです。

このことをあるお母さんに説明したところ、非常に感心して「注意力を養うためには、家ではどういう勉強をしたらいいでしょうか？」と尋《たず》ねられました。

私は思わず笑い出しそうになりました。親御さんは、子どもが机に向かって勉強さえしてくれれば安心しています。だから、家の手伝いをさせることもなく勉強の時間を確保しよう、お稽古事もやってほしいと一生懸命です。

でも、例えば夕食のときに、お膳《ぜん》の支度、食器を揃えてお箸《はし》を揃えるということをやらせれば、「誰々のお箸がないでしょ」「今日はカレーだけどスプーンだけじゃなく、お箸もなきゃダメでしょ」といったことが起こります。お醤油《しょうゆ》が入ってないよ、誰かのお椀《わん》がないといったことです。すると、特別なことは何もしなくても、注意力は養われていきます。

最近驚いたのは、高校生でも空間がつかめていないということでした。たくさんのサイコロが積んである絵を見せて、「これと同じに積んでごらん」といってサイコロを渡しても積めないのです。絵には見えていないところにサイコロがどういうふうに置かれているかという奥行きの感覚がまったくないからです。外に出ていろいろな遊びをして実体験を積んでいれば、立体や空間の感覚は自然に身について、奥行きがわかるはずです。しかし、そうした体験がないので立体や空間の感覚が身についていないのです。

読解力の基礎は幼児期にあった

私の塾に子どもを入れる親御さんの誰もがいうのは、「文章読解が苦手なので国語も教えてください」ということです。そういう親御さんの話を聞いていると、「はい、この文章を読んで」とやっていると読解力が養われると思っているようです。しかし、読解の本質は、著者が何をいっているかを読みとるということです。つまり文章と自分とのコミュニケーションです。

その基礎になるのは、赤ちゃんのときからの人とのコミュニケーション、人の気持ちや相手のいっていることを理解するという体験であり、それに対して自分の考えを話すということが読解の基礎です。その基礎ができていないために、小学校の高学年から中学生になって読解ができてないことになっています。つまり、早くから英語の勉強をしたり、お稽古事をするよりも、きちんと自分の意見を話せること、家庭の中でのコミュニケーションをとり、互いに意見を言い合うといったことが大切なのです。

赤ちゃんは言葉がしゃべれないので、何かをいっても何をいっているかわかりません。だからといって知らん顔をするのではなく、一生懸命に聞いてあげることです。何かを伝えようとしている赤ちゃんをほっておくと、赤ちゃんはコミュニケーションが断ち切られたと思います。言葉がしゃべれないながらも一生懸命に伝えようとしていた、私の孫とのやりとりを、娘は「まるで連想ゲームをやっているみたいだった」といいます。それこそがコミュニケーションの始まりであり、読解の始まりです。

それをやらずにいて、大きくなってから「算数の文章題が苦手」とか「読解力がなくて」というのはおかしなことです。

私はそうした子どもの指導をしながら、内心で「いまやることではないのに……」という思いをぬぐいさることができません。幼児期にお手伝いや遊びとして自然な形で、実体験としてやっておかなければならないことを、大きくなってから机に座ってやらせているからです。

このように考えてくると、お稽古がすべていけないとはいいませんが、させる場合には

「子どもがやりたがっている」ということが前提になるでしょう。運動が好きだ、絵を描くのが好きらしい、音楽にすごく興味を持っていて簡単な楽器でも手にしたら夢中になってやる、というように、子どもを見ていて、子どもが本当に夢中になってやることがあるのなら、それをやらせればいいでしょう。

逆に、「隣の子がやっているから」「3歳から始めないと間に合わないと聞いたから」という理由で始めるのであればやめた方がいいと思います。あくまでも、子どもが主体で、子ども自身がやるのだということを忘れないでください。

「やりたいこと」がみつからないのは

長女が3歳くらいだったころ、私は家事と育児と塾の経営で非常に忙しくしていました。ある日、家事が一段落してイスに座って休みながら、しばらく会っていない友達のことを思い出していました。するとそ縁側にいた長女が突然、「きみえちゃんって誰?」といったのです。私はちょうどその友達のことを考えていたのですが、口に出していったわけではなかったのでとても驚きました。

いま、孫は2歳になりましたが、娘がこの孫を乳母車に乗せ、近所の同じ年頃の子を持つ母親と一緒に町中を歩いていたときのことです。2人の子どもが一緒に、乳母車の中から何かに向かって「ばいばーい」をしたそうです。子どもたちが手を振っている先には誰もいなかったので、母親たちは「何でしょうねぇ」といいあったのですが、後で娘は「きみえちゃんって誰?」の話を思い出して、子どもは不思議な力を持っていて、自分たちには見えない何かが見えたのかも知れないと思ったそうです。

この話をある大学の先生にしたところ、「そうではないでしょうね。子どもにとっては人も木も、まだみんな同じなんですよ。そのときは、もしかしたら、ちょっと変わった形の木でもあったのかもしれませんね」とおっしゃいました。乳幼児にはまだ、自然と人の区別がないというのです。

いずれにしても、私は生まれてきたばかりの赤ちゃんは、私たちが思っているより遥《はる》かに動物的で、大人が失ってしまった力を持っているのではないか、大きくなるにつれてそれがなくなっていくのではないか、と思っています。そして、そういう能力をつぶしているのは、大人のせいだと思っているのです。

未開の地で暮らしている人たちは、現代文明の中で生活している私たちには考えられないような遠くの音を聞き取ったり、気配を感じたりするという話を聞きます。文明というものに邪魔されない人々は、成長しても動物的な鋭い感覚が残っているのでしょう。同じように、赤ちゃんには私たちが思っている以上に動物的な鋭い感覚、生命力があるのだと思うのです。

　しかし、親はしばしばこうした子どもの生命力を踏みにじり、世話をしすぎて、子どもをこしらえてしまいます。子どもが「人」になるには、親が教えるのではなく、その赤ちゃん自身に任せて、赤ちゃん自身が自分の目で見、発見し、学習して、自分の中で作り上げていく過程が不可欠です。子どもはいろいろな体験をして、実感として人間や世の中を発見し、学習していかなければなりません。親がこしらえるのではなく、赤ちゃんが「自分でする」ことが大切なのです。

　子どもの教育を考えるとき、ほとんどの親は、小さい子どもには何を教えたらいいのか、いけないのかという知識や方法に飛びつきがちです。そこには、赤ちゃんはまず動物としての「人」であるという認識が欠けているようです。

　人間以外の動物は、子ども自身が持って生まれた力で学習して一人前になっていきます。同じように、人の赤ちゃんも生きる力、本能を持っていますから、赤ちゃんが持っているそうした力で一人前になれるようにすることを、まず考えてほしいと思います。

　私が40年以上も塾をやってきたのは、私自身が子どものときから勉強が好きだったからです。私が好きだった勉強のおもしろさを子どもたちに伝えようとしているのです。

子どもたちが成長し、ある時期になると「自分は何をしよう、何の能力もないしどうしよう、どうしよう」と思う時期が来ます。そんなときは「自分のやりたいこと、好きなことをやればいいいんだよ」といってあげます。子どもが「自分は何になろう?」とするときも、親が「この子は何の能力があるのかな」と考えるときも、「子どもの好きなことをやればいい」と答えます。

しかし、幼児期に「自分で」いろいろなことをした経験がないと、いつまで経っても、肝心な「自分がやりたいこと、自分の好きなこと」がみつけられないようです。赤ちゃんのときから管理されて育っていると、自分の好きなことさえも見つけられなくなってしまいます。そういう子はかわいそうです。なかにはとんでもない事をしてしまう場合も起こってきます。それは、親、大人の責任です。

(出典:「子どもたちの幸せな未来　新5早期教育と学力、才能を考える」)

脳の発達への誤解と早期教育

小西行郎（東京女子医科大学教授）

みんなが誤解している脳の発達

長い間、人間は未熟な状態で生まれ、周囲の大人や環境から受けるさまざまな刺激に反応したり、学習して体の機能を発達させると考えられてきました。つまり発達は反射によるというわけです。そこで、幼いときからたくさんの刺激を与えた方が能力は伸びるという考えが出てきました。しかし、脳科学の発達によって、この考え方は覆《くつがえ》されつつあります。かつて神経細胞（ニューロン）は、人間が誕生してから成人と同じレベルになるまで右上がりに増えていくと考えられてきたのですが、実際は一度作られた神経細胞の数が減ることがあるとわかったのです。

まず胎児のときに、いったん作られた神経細胞を一定数減らしていたのです。そして、生まれてからは、一度できたシナプスという神経細胞同士の結合部分が減っていました。

シナプスは生後2～8か月の間、増え続けて必要以上に作られ、その後、余分に作られたシナプスが削られていき、3歳くらいで大人と同じレベルになります。シナプスの数が減るというのは、神経細胞が死ぬわけではありませんが、神経細胞同士の情報伝達が行われなくなるということです。つまり、シナプスをまず多めに用意し、不要になったら刈り込んでいって情報を伝達する回路をスムーズにするというのです。なにやら無駄なことのように思われますが、この仕組みによって、あるシナプスに何らかの障害が起こった場合に代わりのシナプスが出てくる可能性が残ります。

この仕組みを利用して、シナプスが刈り込まれる以前にたくさんの刺激を与え、学習させる（つまり早期教育をする）ことで新しい神経回路がどんどん作られると考えられてきたわけですが、最近では、あまりにいろいろな刺激を与えすぎると、本来であればバランスよくなされていくシナプスの刈り込みがうまくできず、かえって脳に悪影響をもたらすのではないか、と指摘する専門家が出てきました。ＡＤＨＤ（注意欠陥多動性障害）とシナプスの刈り込みの関連があるのではないかという研究も始まっています。

環境と刺激によって子どもが驚くような能力を身につけることは事実ですが、そのことにとらわれすぎると全体の発達、成長にかえってよくない結果を招きかねません。

２００２年に開催された「新・赤ちゃん学国際シンポジウム――赤ちゃんの不思議を解

き明かす」で、スウェーデン・ウプサラ大学のC・ホフステン教授は「赤ちゃんは出生直後からすでに意識的に四肢を動かしている」と述べた上で、「赤ちゃんは私たちが考えているほど脆弱《ぜいじゃく》ではない。だから赤ちゃんの能力を信じることが大切で、早期教育は不要である」と強調しました。このシンポジウムに出席していた、ほとんどの赤ちゃん研究の最先端の学者に共通していたのも「大人があれこれと刺激を与える教育には反対で、英語教育の早期化にも否定的」というものでした。

早期教育の効果に確立した科学的な根拠があるかのような言い方をみかけることもありますが、実際はまだまだ未知の部分が多く「早期教育によって親が期待するような結果がでることは保障できないし、かえって悪い影響がでることもある」というのが事実です。刺激をたくさん与えれば、どんどん学習させればどんどん育つというほど、子どもの成長は単純ではないと考える必要があります。

反抗期から独立期へ

子どもが2〜3歳になると、それまで親に甘えてべたべたしていたのに、急に怒り出したかと思うと「あっちに行ってて！」と言い出したり、親元から走り出して友達と遊んでいた子どもが、急に戻ってきて甘えてきたりします。これがいわゆる「反抗期」で、反抗と甘えを繰り返すのが特徴です。親からの干渉を嫌って離れようとする自立心と、親の存在や愛情を確かめなければいられない不安が入り交じった状態で、子どもはこれを繰り返しながら、自立へ向かってまた一歩成長していこうとしているわけです。

こうした行動に初めて経験する親は、びっくりしたりショックを受けたりします。そして、これまで通りの価値観で親子関係を維持するために、自分のいうことを聞かせようとしたり、指図をして「素直ないい子であること」を求めようとします。

時には「問題行動」と位置づけてさらなる混乱を起こす親子もいます。子どもは決して直線的に成長するわけではなく、いくつもの「節目」を経験して段階的に成長していくのですが、節目にある子どもの状態は停滞や逆戻りに見えることがあります。その起こり方は子どもによって、時期も速度も度合いも違います。これが大人にとっては「問題行動」であり「反抗期」なのです。逆にいうと、問題行動は子どもがさらに発達するためのエネルギー源であるともいえるのです。

脳障害のある子どもを指導している保育士の方に「子どもが話せるようになるときには、必ず直前に何か問題行動がある」という話を聞いたことがあります。

また、障がい児を持ったある母親は「近頃、子どもがパニックになって私を叩《たた》いたり噛《か》みついたりします。でも、そんなことがあってしばらくすると、決まって子どもは急に成長します。だから、私は子どもがいうことを聞かなくなるのを楽しみにしているのです」といいました。

私は、障がいを持った子どもを生んだ親が、想像もつかないほどの苦渋を味わっているのを何度も見てきました。にも関わらず、このお母さんは「暴れた後に成長するから嬉しい」というのです。私はそのバイタリティーと懐《ふところ》の深さにただただ脱帽しました。

「反抗期」という言葉を最初に使ったのはスウェーデンの心理学者でした。しかし、欧米ではいま、「反抗期」といわずに「独立期」と呼んでいます。いままでも「反抗期」という言葉を使っているのは、おそらく日本くらいのものではないかと思います。

「問題行動」を含めて、子どもの発達の違いを「個性」というのであれば、豊かな人格を育み、個性を磨くには親の理解が必要不可欠です。そのためには、「子どもを幅広く見る」ことが必要です。

「子どもを見る」にはどうしたらよいか

お母さんと子どもが一緒にいるところを見ていると、簡単にものをあげるお母さんが多いことに気づきます。おもちゃをあげるといったことが典型ですが、ただあげるだけでは子どもを見ていることになりません。例えば、9～10か月くらいの赤ちゃんの前におもちゃを出すと手を伸ばして取ろうとします。そのときに、手を引いてわざとあげないようにすると、赤ちゃんは一生懸命に手を伸ばします。何回かやっていると、赤ちゃんは手を出さなくなって（くれるの？　くれないの？）みたいな顔をして、こちらを見たりします。

あるいは、赤ちゃんが取ろうとした瞬間に手の平で握りしめて隠してみます。隠した方の手に赤ちゃんが手を伸ばすのは、そこに物があったことを覚えているからです。「短期記憶」ができ始めたのです。また、不思議そうに親の顔をのぞくのは「差し出しながら隠す」という矛盾した行為に戸惑っているからですし、何度か繰り返すと手を伸ばさなくなるのは、学習しているからです。すでに相手の行動から相手の気持ちを察する能力が備わってきているのです。あるいは、ある時期までは手を伸ばすだけですが、ある時期からは届かなかったら声を出すようになります。「あー」とか「うー」というだけですが、これは「しゃべり始めた」ということです。

このような反応は、ただ与えているだけではわかりません。その意味では「子どもを見る」というのは、子どもにちょっかいを出す、ということでもあります。おもちゃをあげるときには、おもちゃの種類やもの自体ではなく、与え方が大切なのです。

赤ちゃんの目の前何センチのところにものを出したら手を出すか、といった距離を観察してみるのも赤ちゃんを見る上で参考になります。生まれたばかりの赤ちゃんの眼の焦点距離はほぼ30センチですから、ものをあげるときはその範囲内に置かないと見えません。この距離は成長にともなってだんだんと伸びていきます。距離が開いたということは新しい能力がついたということです。しかし、8～9か月になっても、2メートル離れているところに置いたら近づいて来ることはまだないでしょう。

一方、6～7か月くらいからは隠されることに興味を持ってきます。隠されていると取りに来るけれど、見せるともう取りに来なくなる。つまり探求欲が出てきたわけです。こうしたことからも、月日が経つとともに赤ちゃんの能力が変わってきていることがわかります。このように、ものとの距離から赤ちゃんとつきあっていると、だんだんと赤ちゃんの見方がわかってくると思います。そして、発達とは親から離れることであり、親が子どもとの距離をどう取るかということが子どもを見る際には大切だということもわかってくるでしょう。

子どもからのメッセージ

さらに、「真似をする」という方法もあります。赤ちゃんがやっていることを真似してみると、赤ちゃんはこちらを見ます。ものを与えることは、与えたものしか見なくなることですが、こちらを見るということは赤ちゃんから何かを「引き出す」ということです。与えるものではなくて、与えている私を見せる。つまり「何を与えたらいいのか」という以上に、「与えないでおく」とか「与えるときのこちらの表情がどうであるか」がもっと重要なわけです。

読み聞かせでも同じようなことがあります。本の内容を与えているのではなく、いい絵本を読んでいるときのお母さんのうれしそうな顔、悲しい本を読んでいるときの悲しそうな表情を「与えて」いるのです。こうしたやり方にはもっといろいろなバリエーションがあると思います。

また、子どもの成長に合わせて「引き出す」方法も変えていかないと、「引き出す」ことができなくなります。「この間まではこれで通用していたのに……」と思うのは、それだけ子どもが成長したということです。もったいぶったり、じらしたりというのは「与えない」のではなく「与え方」を工夫するということです。そして、与えた後に「受け取る」という作業があるかどうかが重要です。

赤ちゃんは何もできないから、じらしたり、もったいぶったりという意地悪をして欲求不満にしたり、ストレスを与えては可愛そうと思う人もいるかもしれませんが、そう思うのは、赤ちゃんが一人で何をしているのかが見えていないからではないでしょうか。赤ちゃんを見ていると、泣いたり、笑ったりしているだけでなく、指をしゃぶったり、何かを指したり、手足を動かしたりと、いろいろなしぐさで周囲の人にメッセージを送っていま す。それなのに、親だから赤ちゃんの気持ちはわかるはずと思いこんだり、わからないと投げ出したりしても仕方ありません。一方的に何をしてあげるのではなく、赤ちゃんがいろいろな方法で発信しているメッセージを受け止め、その意味を理解しようとすることが、赤ちゃんを見る、ということです。

きちんと怒ることの大切さ

子どもを褒《ほ》めて育てましょうとよくいわれます。褒めるためには、相手をきちんと見ていなければなりません。それに対して、子どもを怒ることはいくらでもできます。親の基準に合わないときに、感情を爆発させればいいのですから。

しかし、最近、私は子どもの成長にとって怒ることの意味を考え直しています。障がい児との20年以上にわたるつきあいの中で、怒られた子どもは褒められたときとは違う複雑な対応をすることに気がついたからです。怒られた子どもはまず、なぜ怒っているのかという顔をします。そして、本気で怒っているのかどうかを見極め、いつまで怒っているのかを見ます。そして、怒られないようにするためには何をしたらいいのかと考えます。さらに、こちらが本気で怒ったときといい加減に怒ったときでは対応も全く違います。また、「わかったら許すよ」といったとき、子どもは本当に嬉しそうな顔をします。

こうした感情の動きを見ないで、褒めることだけを勧めるのでは、子どもをきちんと見たことにはならないのではないかと思うのです。

子どもが悪いことをしたときには、「だめ」とはっきり怒ることは必要なことです。大切なのは「怒ったこと・怒られたこと」で終わりにするのではなく、自分が怒った子どものようすをずっと見ていくことです。怒っている最中に子どもの表情を見ることは難しいので、少し時間がたって落ち着いてから見てもいいと思います。子どもがリアクションを起こしたときにはちゃんと受け止めてあげることが大切なのです。

例えば、子どもの方から近寄ってきたときにはやさしい声を掛けてあげる。ずーっと見ていて向こうが悪いことをしたと理解したら、ニコッと笑うだけでもいいでしょう。逆にいうと、子どもを怒るということは、その後で「受け止める」という作業があって初めて成り立つのです。虐《いじ》めや単なる意地悪で怒っているのでなければ、怒って得ることは多いでしょうし、そこで得るものは、いいことをして褒《ほ》めたり、何か物を与えたときに得られるものとは違うものだと思います。

ただし、怒った後で子どもに許してもらう親がいますが、それはしてはいけません。怒った親の方から「ごめんね」というと「じゃあ、なんで怒ったの？」ということになりかねません。怒るときには首尾一貫した態度が必要です。

子どもを怒ると何かトラウマが残るのでは、と心配するお母さんもいるかもしれませんが、そんなことはありません。悪いことをして怒られた子どもが、許されたときにどれだけ嬉しそうな顔をするかということを語らずに、トラウマのことしか語らないとしたら、それは人間の半分しか見ていないことになります。

子育てに自信の持てない親が増えています。確かに子育ては自信の持てることではありません。しかし子どもを思って怒ったのであれば、怒ったことを悔《く》いてむやみに子どもに迎合するのではなく、怒ったこと自体には自信を持っていいのです。

私たちは、子どもを傷つけないように、意に添うようにしてあげようということばかりを考えすぎて、見えなくなってしまったことがずいぶんあると思います。

生きにくい現代の子育て

社会の「発達」という考え方が右肩上がりであった20世紀は、子どもの成長発達を促すことはポジティブに捉えられてきました。「子どもを学習させる」という刺激についてもよいことであると疑うことはありませんでした。そして、いつか、子どもの発達とは上へ上へと伸びていくことだと考えるようになりました。

親にとって、子どもが何か新しい能力を身につけ、与えられた課題を次々にこなしていくことは嬉しいことです。しかし、無限に伸びることだけが発達ではないと思います。「優れた能力を発揮して欲しい、他の子どもより賢くあって欲しい」と願う気持ちはわからなくはないのですが、「そうでない子はダメ」という意識に繋《つな》がりかねません。

人は上に伸びる喜びと同時に、幅を広げる楽しみも知っています。肝心なことは、子どもを「天才に育てる」ことではなく、「幸せな人間に育てる」ことだと思います。どんな子どもであってもありのままに人生を幸せに送ることができれば、それこそが素晴らしいのだと思います。

木が上に伸びながらも横に葉を茂らせたり花を咲かせるように、縦にも横にも広がっていくことが、本来の子どもの発達であると私は思います。そうした個々の発達の広がりは、おそらく知能指数などには表れてこないものでしょう。しかし、親は、子どものその広がりを実感できるでしょうし、そこにこそ子どもをトータルに見ることの楽しさがあるのだと思います。

現代の日本もまた上へ上へという社会であり、そのことが人々の「生きにくさ」を作っているように思います。その責任を、役所が悪い、親が悪い、先生が悪いと誰かせいにするはそろそろやめて、例えば、どうやっていい地域を作っていけばいいのかと考え始めれば、自分は社会の中で何に貢献することができるのかということが出てくるでしょう。そして、大切なのは個人の幸せなのか、地域の幸せなのか、社会全体の幸せなのかと考え始めることが、上へ上へという子どもの発達への考え方や、いまの社会のあり方を変えることにつながっていくのだと思います。

（出典：「子どもたちの幸せな未来　⑩子育て、これだけは知りたい、聞きたい」）

子どもを育てる汚れる遊び、危ない遊び

内田幸一（学校法人いいづな学園理事長）

現実になった25年前の予想

私は大学のときに幼児教育を専攻し、卒業後はまだ珍しかった男の保育者として東京都心にあった友人の私立幼稚園に勤めました。1970年代の終わりでしたが、すでに小学校受験のための早期教育は始まっていました。しかし、その幼稚園では受験だけなく、子どもをしっかり遊ばせる経験も大事にしていました。そこに4年間勤めた後、自分で幼稚園をやろうと思い、長野県の飯綱《いいづな》高原に引っ越しました。

東京から信州に来たのは、自然と子どものつながり方に強い興味があったからです。当時、東京で子どもたちを見ていて、このままでは子どもたちはおかしくなっていくだろうという思いがありました。そのときの思いはいま、現実として日常的に子どもたちに起こっています。

私が大学生でいた当時、すでに子どもたちは成長するために必要な体験が圧倒的に不足していました。机上での勉強や知識を頭に詰《つ》めこむだけで非常に狭い範囲でしか物事を学ばなくなっているのを見ていて、テストでいい成績を取るということに関しては長《た》けるかも知れないが、人間関係を構築していく力や人との関係の中で新しいアイデアを育てていく力、経験的に何かを積み上げて技術を開発していく力が今後どんどん欠落していくだろうと思いました。壁《かべ》にぶつかっても、その壁を人との関わりの中で乗り越えていくのか、自分の経験を生かして乗り越えていくのか、といった方法を育てていませんでしたから、問題解決の能力も非常に低下するだろうと想像しました。

さらに、たぶん壁《かべ》を乗り越えるエネルギー自体も失うだろうと思いました。問題に対して自ら動くことがありませんから、動くこと自体を躊躇《ちゅうちょ》するようになります。それでは問題が起こったときに、足踏みを続けるしかありません。その結果、子どもの間にも社会現象としても、いろいろな問題が起こってくるだろう。それは自殺かもしれないし、そうでない別の現象として現われるかもしれないなと考えていました。

私が東京を離れた1982年ころは、中学校での校内暴力が下火になっていました。反発をしない一見いい子になっていましたが、実は反発するエネルギーさえ持てなくなっていたのです。それでいて、自分の方が成績が良いから人間的にも自分の方が優秀だというような人の見方をする子どもが、少しずつ現れていました。成績が悪いだけで「バカだ」「クズだ」ということのおかしさに気がつかない子どもたちです。何が人間にとって価値があることなのかがますます見えなくなる危険性を感じました。

子どもたちの暴力行動は、校内暴力からやがて家庭内暴力へと変わっていきました。親はそうした子どもに対して、どう働きかけをしたらいいのかわからなくなっていきました。その象徴的な事件が、80年代から90年代にかけて起こった子どもが保護者を金属バットで殴《なぐ》り殺す事件だったと思います。

子どもが子どもでいられない現代

子どもたちがそうなっていったのは、子どもは断続的に育てることができない、という当たり前のことを無視してしまったからです。子どもの成長にはそれぞれの時期に必要な環境、育ち方、他者との関わり方や様々な経験が必要であり、どれも飛び越すことはできないのに、そうした一貫した子どもの成長が大人に見えなくなってしまったのです。

幼児期に必要な遊びをきちんと経験しないで、机に座らされて一生懸命に勉強すると、本来は幼児期に獲得しなければいけない精神的な発達や人との関係を成立させる力を獲得しないまま、次の成長段階に入ってしまいます。そのままどんどん成長していくと、やり残していることがどんどん増えていくわけです。そういう欠落は、ただ年齢が進んだからといって簡単に取り返せるわけではありません。特に、遊びや経験を積まないまま成長していくと、かなり致命的なことになるだろうと私は思います。

適正な時期に、適正に遊びや経験を積むためには、どの時期に何が必要かを大人がわかっている必要があります。子どもがやっている遊びがどれだけ大事かということをわかっていないと、遊ばせておけません。小さいときから将来の勉強のためにとか、他の子どもより遅れるからと何かを習わせることは、子どもが遊んでいることの意味を親が感じていないということです。でも実は、大人が意味を感じていないことの中に、非常に重要な意味があるのです。

私は子どものころ、メンコやビー玉、ベーゴマをやって育ちました。負ければごっそりメンコを持っていかれるので、賭《か》け事のようなよくない遊びだといわれました。勉強もしないで遊びほうけて、悪戯《いたずら》ばかりをやっている子どもは「ロクな大人にならない。そんなことは人間にとって何の役に立たない」といわれ始めました。子どもがしてはいけない禁止行為は少しずつ、しかし確実に増えていきました。

私が子どものころは線路に釘《くぎ》をおいて、列車がその上を走り抜けて平たくなった釘を手《しゅ》裏剣《りけん》にしたり、資材置き場や工事現場に潜《もぐ》り込んでは資材を持ち出して隠れ家を作ったりしました。そうした遊びは反社会的な行為のようにいわれましたが、子どもにとっては一番面白い遊びでした。

そうした禁止された遊びが育てていたものが何なのかと、いまになって考えてみると、そこには人間を社会化させていくための技術やコミュニケーション能力、仲間との信頼関係を作る方法や仲間意識といった、いろいろ重要な要素があったことがわかります。しかし、そういうものは意味のないことだと禁止され、遊ぶ場も遊ぶ時間もどんどん奪われてきたのです。

理由は、世の中全体が間違った方向で教育的になったからです。親も学校の先生も、汚れることなく、危ないこともしないで、優しく素直な子どもがいいと思うようになってしまいました。「そのくらいの悪戯はいい、やってこい」といわずに、「大変だ、そんな危険なことをするなんて」「それはダメ」というようになりました。けれども、それは「教育的」ではありません。子どもたちが弾《はじ》けて動いていくエネルギーを奪っただけです。

その一方で、習い事や教育産業、受験産業としての教育が出てきました。そして、そうした「教育」を受けないと子どもは安定した将来を持てないと、世の中が思い始めました。

その結果、子ども自身が子どもでいられなくなってしまいました。大人の管理下に完全に入れられて、その中で細々と子ども時代を生きるしかなくなってしまったのです。

本当はみんな禁止したくない

子どもたちの生き生きした心と身体を作るには、まずはきちんとした体験をすることです。体験の中で、いかに子どもが自分で考え、自分で行動して、自分で失敗するか。子どもが自分で試行錯誤しながらやっていく。答えを見つけることを急ぐ必要はありません。答えに行き着く必要すらないのかもしれません。答えに行き着くためのプロセスをどれだけ体験するかが大切なのです。

失敗をしないために先んじて大人が全てを用意し、決められたプログラムの中だけでやっていけばちゃんとなる、ということを学んでも何にもなりません。

仮に大人がプログラムを用意するにしても、子どもが生き生きと自分からそれに取り組める状況を作れるようにすることでしょう。それには、大人が用意したもので、全てのプログラムを埋《う》めないで、子どもの発想、動きや自由に遊べる時間をきちんと保障することです。

それから、子どもが発想し、子どもがやっていることを禁止しないことです。火遊びをしようが、刃物を使おうが、少々怪我しようがどんどんやらせるべきです。特に幼児期は何をやってもたかが知れてますから大目に見てください。

物を使う機会を与えることも大事です。様々な道具を使わせたり、自然の植物や動物にも「汚いから触《さわ》ってはいけない」といわない。蛇《へび》がいても「噛《か》みつかれないようにちょっかいだせよ」というくらいにすることが大切です。

幼稚園で多くの親と接していて思うことは、実はほとんどの親は本当は子どもが発想し、やっていることを禁止することについて、禁止するだけでよいと、すっきり受け入れているわけではないということです。禁止しなくてもよいのかも……と思いながら現状に流されて禁止しているだけなのです。むしろ、その疑問を誰かに代弁して、答えをすっきりさせて欲しいと願ってさえいます。

保育士や学校の先生もそうです。実際に私の園でやっているのを見ると「禁止しない方がいい」とわかります。けれども、自分たちの園や学校でもできるかというとできないという悩みをずっと持っているのです。だから、最初は「内田さんの園だからできるんですよ」といいます。でも、そういっているということは、もう受け入れていることなのです。ただ自分の教育の場に持って帰ってできるかどうかはわからない、というだけなのです。

私が20数年前に「体験が大切だ」といったときは、ほとんどが受け入れられませんでした。特に行政は「そんなバカなことを」という冷やかなものでした。いまは違います。体験は本当に大事ですねといってくれるようになりました。

私の幼稚園は無認可でした。教育内容に口を挟《はさ》んでくるのなら行政からのお金は一切いらないというスタンスで始めました。ところが、いまでは役所も行政支援はするし、「内容的にはこのままでいい」というようになりました。今の子どもの問題を解決するヒントがここにある、とまで思い始めていますから、やり方を変えろとはいえません。私は全ての子どもに経験を大切にした保育活動が幼児教育の現場で行われればいいと考えていますから、そのためのノウハウはいくらでも提供しています。

体験不足の保育者の育て方

いまの若い親も保育者も、子どものころの体験が不足しています。自分が過去に経験したかしていないかは、歴然とした差として出てきます。でも、そのありのままの自分を認め、その上で大切なのは子どもと対峙《たいじ》したときに、子どもがどんな動きをするかと見ることです。子どもたちの動きを見て、子どもたちのやっていることや子どもたちの発想が、自分の考えの中にいる子どもと、どれだけ違いがあるのかをわかることが大切です。

若い保育士さんは真面目に、ピアノを練習し、造形活動や身体表現、リズム遊びをやってきましたといいます。そうした技術的なものをいっぱい持っていれば保育に通用すると思っているわけですが、実際にはほとんど通用しません。

私の幼稚園では、保育者が持っているそうした技術的な「材料」は認めますが、そうした材料を子どもにただ提供するだけでは何の役にも立たないよ、といっています。

例えば、自分は折り紙ができますよ、音楽ができますよといって、一方的に子どもたちに与えても、子どもにはおもしろくありません。引き出しをいっぱい持っていることはいいことですが、まずは子どもの持っているものを保育者がきちんと受け止めることです。子どもたちは何を望んでいるのか、どこを見ているのか、何をやりたいと思っているのか、何をやったときに生き生きと動き出すのか、といった視点に立つ必要があります。そのために、私たちは経験のポケットをいっぱい持っていなければいけないのです。

つまり、子どもが保育者にとっての先生なのです。子どもを見て、子どもが発想することを伸ばす。子どもたちから学んで、子どもたちの持っているエネルギーをどう反映できるのかと考える。保育はそうやって取り組んでいかなければいけないものです。そのためには、保育者は自分がいまどこにいて、どういう状態なのか、自分がどれだけのものを持っているのかと、自分をしっかり見つめる必要があります。すると、自分に足りているもの、足りてないものが見えて、自分のスタンスがはっきりしてくるのです。

保育者とは立場が違いますが、こうしたことは親にとっても大切なのではないでしょうか。

断片的な体験からトータルの経験へ

私は、現代の日本の子どもたちが抱える問題を解決するには、年に1回だけ田植えするとかいった体験ではなく、子どもが生まれてから成人するまでの一貫した経験が必要だと考えています。

私は体験と経験を区別しています。体験は蕎麦《そば》打ち体験や農業体験というように、どちらかというと誰かが用意しているものに関わることで、経験は自分が主体的になって組み上げていくものだと考えています。つまり、体験は外側から用意されるもので、あまり主体的ではない。経験は自分からそれを獲得しようとして、ある一定期間携わって自分から作り上げていくものですから、主体的です。入り口は同じ体験かもしれませんが、それが自分にとって大事だということがわかれば体験を自分の中で消化し始め、自らある程度の経験を積もうという意識に変わるでしょう。

断片的な体験ではなくトータルの経験にまでもっていけたら、現代の教育問題の多くは解決すると思います。そのためには、何か一つだけやって「体験したよ」ではなく、間があいてもいいので20年間なら20年というスパンを見て、子どもにとってどういう体験がよいかを用意する必要があるでしょうし、経験としてどういったものを積み上げていく必要があるのかを大人がわかっている必要があります。

それを教育や生活の中でもきちんと位置づけて、学校の現場でも、家庭でも地域社会でも、ありとあらゆるところで共通認識としていく。体験が必要だとする基本がシステム化されれば、体験の機会はどこででも作り出すことができます。

それぞれの成長段階によってどういった体験をさせたらよいのかという物差しとしては、人類の歴史の順番通りに体験するのがわかりやすいでしょう。幼児期の最初の体験は原始時代から始め、現代の高度なテクノロジーは一番後にするということです。そう考える、幼児の体験の素材は水や泥んこといった自然の素材になり、やがて加工された陶器が出てきて、ガラスや金属という順番に物とも出合っていくことになります。子どもが幼ければ幼いほど原始時代に近く、ある程度の年齢になってくると中世になり、コンピューターや通信ネットワークは使っても構わないけれど、そうした高いレベルの科学技術を自分のものとして利用するのは、かなり大きくなってからにする。

人類が歴史としてたどってきた道筋みたいなものを、一人の人間が人生の中でたどる。この視点は共通理解をしやすいとも思いますし、自ずとやることが決まってきて、それほど極端なことはできません。

子どもたちの活動や様子を見ていると、こういう物差しはとても自然だと思います。そう見ていれば、高校生がバイクに乗りたくなったり、スピードに憧れたり、メカニックに興味を持つのも当たり前と思えるでしょう。子どもが超人的な能力や超自然的な力に憧れたり、自分にもそういう能力があったらいいなと思う時期がありますが、私はあれを見ると、まだ迷信の多い16世紀くらいにいるのかなと思ったりします。

さらにいうと、人類が物を作り出してきた順番を体験していかないと、現代のテクノロジーも理解できないでしょうし、その次の発想もないと思います。非常に高度なテクノロジーの中にも原始時代の簡単な発想を使う必要は出てくるはずですから、それがなければ新しいアイデアを生み出していく創造的な人間にはなれないでしょう。

このことは単にテクノロジーの問題でなく、社会構造や倫理観、いろいろなシステムやネットワークを作っていくときにも活かされると思います。社会はますます複雑になっていくし、専門領域が進歩していくでしょうが、そうだとしても専門的な知識の中だけでは物事は解決しないでしょう。

現代社会に合致した体験のシステムを

かつての地域社会は人間が成長するための体験を自然に与えてくれていました。例えば、過去の地域社会が伝統的にやってきた行事には、そのことが見事に洗練されてありました。地域のみんなで共同作業をするとか、みんなで集まって行事をやることにも意味がありました。学校に行かなくても、そうした行事の中に組み込まれている「マニュアル」に従っていれば、子どもたちがきちんと育ち、家庭生活がきちんとできるようになり、地域社会に参加できるようになっていました。その「暦《こよみ》」は江戸時代くらいまではかなりしっかりしていたのだと思います。そこでは食べるものや着るもの、挨拶の仕方から幟《のぼり》の立て方、提灯《ちょうちん》のかけ方まで全部が決まっていました。それでいながら文化性が高くて、デザイン性も高く、洗練されていました。それが明治以降に近代西洋文明が入ってくるに従って、どんどん破壊されていったのだと思います。

私たちはある時期からそうした「暦」を単純に古くて何の役にも立たないものと思い違いをしてしまいましたが、ようやくその素晴らしさと、それを失ったことによる危機について わかる時代になってきました。そこにあったものを回帰としてではなく、現代版として、そして未来版として新たに作りたいという欲求が出てきているのだと思います。

これからの「教育」は、子どもを育てるためのそうした「暦」をもう一度発見したり、取り戻しながら、時代の変化に惑《まど》わされないように注意して、現代社会に合致するように作り直したり、組み替え直す作業が必要なのだと思います。私たち大人は、現代の体験のシステムを教育や生活の中に組み込んでいく方法を考えなければなりません。

（出典：「子どもたちの幸せな未来　9 シュタイナー教育に学ぶ、子供の心の育て方」）

第2章

テレビ・ゲームより、共感力を育てる家庭教育

人間関係が上手な子どもを育てるために

佐々木正美（児童精神科医）

子どもと大人に広がるコミュニケーション障害

私がいまの子どもや家族を見ていて決定的だと思うことは、現代っ子の、あるいは現代人のコミュニケーション障害です。単なる言葉の発達というよりは、他者と共感する感情の発達の障害、喜びを共有しあうことの障害、悲しみを共有し合うことといったコミュニケーションの障害です。これが現代人の一番不幸なことだと思っています。

その原因の一つとして、テレビやゲーム、テレビゲームの影響が取り上げられるようになりました。こうした新しいメディアによって、直接こうした障害が起こっているかどうかの判断は、専門家ではない私にはできませんが、人間関係を持つ時間が制約されていることは決定的なことだと思います。

私の子ども時代のことを考えると、たえず人との関係の中に生きていました。一人ぼっちで子どもが何かに向かい合っているにしろ、まわりに誰もいないで一人だけでいるという時間はほとんどありませんでした。家に帰ってきても、なんだかんだいっても両親と関わっていたし、祖父母と関わっていて、常に誰かと関わっていました。いま思えば、あれは本当に大きな恵みでした。

人間は誰かと関わっていなければいられない存在です。

ハリー・スタック・サリヴァン（1892〜1949年）というアメリカの高名な精神科の医者がいます。彼は「人間が人と関係する機能を失えば失うほど、人間としての存在の意味や価値を失ってしまう。あるいは、自分で自分の中にそういった価値や意味を見いだす力を失ってしまう」ということを述べています。

私たちが日々どんな人たちとどのような人間関係を営みながら生きているか、どのような人たちとどのような人間関係を営んでいるかということの中に、「私」が存在する意味があるというのです。サリヴァンは「人が存在する意味、価値は人間関係の中にしかない」とさえもいっています。

また、精神疾患障害者は例外なく人間関係の障害を持った人だという指摘もしています。人間関係が豊かであれば、ある意味で人間は心を病みません。精神的な問題に対する治療は人間関係の調整にほかなりません。ですから、引きこもる人たち、人間関係を失った人たち、人間関係に絶望した人たちが何を意味するかを考えなければならないと思います。

子どもがテレビといくら関わっていても、ゲームを上手にしたとしても、それは子どもの人格に直接影響するのではなく、そこで見たこと、経験したことを他者と分かち合う経験を持たなければ人格は発達しません。子どもの中に自分の存在の意味や価値を見いだす力は、テレビといくら関わっても、どんなにゲームが上手になってもは発達しはしないのです。そこを阻害するようなテレビの見方をしてはいけないのだと思います。

保育園や幼稚園に来ている子どもは、一日の多くの時間はテレビを見ていません。問題は家に帰って親子の人間関係がないことです。家で親とコミュニケーションがないということが一番の問題なのです。

子どもにとって一番重要なことは、子どもが喜んでいる姿を親がそばで喜んであげることです。子どもからすると、自分が楽しいことを親が幸福そうにして見ていてくれる。これが親から子どもに与えられる最高のプレゼントです。そういうことができるのであれば、テレビも悪くないと思います。ところが、テレビを子どもに見させて、お母さんが家事をしたり別のことをしている、この時間が多すぎるのが問題なのです。

「保護者」を求める子どもたち

いま、全国どこの幼稚園や保育園に行っても、子どもたちは保育者を独り占めしようと奪い合っています。自分一人の保育者になって欲しいからです。なかには小学生でも担任の先生にそういうことを求めようとするようになっていて、やさしい先生はすぐつかまっています。子どもたちが家庭の中で「自分だけのお母さん」「自分だけのお父さん」という実感を持てず、「保護者」を失ってしまっているのでしょう。

親は子どもの将来を幸福にしようとします。けれども、子どもの将来を思うあまり、いまの幸福を犠牲にしてしまったら、子どもは将来の夢や希望を持てなくなってしまいます。

ある写真家が戦火のさなかのアフガニスタンに行って、「明日をもしれない生命《いのち》なのに、なぜ子どもはあんなに生き生きと輝いていられるのか」といいました。私は「いま幸福だからですよ」とつぶやきます。その子どもたちはいま仲間と楽しい遊びをしている、〝いま〟という瞬間を幸福に生きているから生き生きしているのです。

数年前にＮＨＫの番組で、香川大学教育学部の教授の岩槻《いわつき》賢二さんの「思い残し症候群」の仕事の紹介がありました。私はビデオで見たのですが、岩槻先生は奥様と協力して、引きこもったり摂食障害《せつしょく》拒食症で非社会的になって苦しんだり、ときには反社会的な衝動を持って苦しんでいる20代から30代の人達に、まず哺乳瓶《びん》でミルクを飲ませるところから始め、しっかり抱っこをしたりして治療をしていました。ある20代半ばの女性は自分で作ったオムツを持ってきて、交換してくださいとおねだりしていました。幼児期にこんなことをして欲しかった、あんなことをして欲しかったのにしてもらえなかった、という人達の治療です。岩槻先生のもとには、幼い頃にしてもらえなかったことをやってもらえなければ先に進めないという20代、30代の人たちがたくさん来ているそうです。

子どもはテレビより親との会話の方が楽しい

私は30数年前にカナダのブリティッシュコロンビア大学に留学していたとき、「人は人間関係を通してだけ人間になる」ということに教えられました。そして「優れた人間関係は、与えているものと与えられているものが等しい価値を持ち合っていることを、実感、自覚、認識するとき、その人間関係は最高のものといえるのではないか」と。

どういうことかというと、私がある人と優れた人間関係にあるのは、私がその方に与えているものと、その方が私に与えてくれているものが等しい価値を持っているということです。内容は違ってもいい。違うからこそ価値がある。しかし、お互いに等しいものだと認識し合っているときには優れた関係だということです。

例えば、お母さんが赤ちゃんと一緒にいるときに、お母さんが赤ちゃんの側にいることに幸福を感じることができれば、赤ちゃんもお母さんといることを幸福を感じられます。そういうことです。子どもはいまが幸福でなければ生き生きと輝かないし、将来に夢や希望は持てません。「いまは苦しくてもがんばっていれば将来明るい希望があるから」というのは大人の感覚です。

まず子どもとのコミュニケーションのベースをきちんと作ることです。例えば携帯電話のコミュニケーションよりも、直接会っておしゃべりした方がいい。遠方にいる人への連絡のためにはインターネットや携帯電話のメールを使うのはいいでしょうけれど、すぐそばいて、顔を見ながら話ができる人とそんなことをするべきではありません。それしかできなくなってしまうことは問題です。

携帯やコンピューターそのものが悪いのではなく、人間関係の量が足りないからでしょう。量が足りないから、質が盛り上がらないし発達もしない。携帯やコンピューターしかしないことが問題なのだと思います。

私は毎年のようにアメリカやヨーロッパに行きますが、日本ほど子どもや若者が携帯やコンピューターにのめり込んでいる国はないと思います。そういった物がコミュニケーションを失った人間のとりつく島になっているのだと思っています。他人と直接会ってコミュニケーションが生き生きとできる人間は、それほど熱中しないのではないでしょうか。泳げる人間にはとりつく島は要りません。泳げない人間にはとりつく島が必要なのです。

子どもがコミュニケーションを上手にできるようにするには、3歳や4歳くらいになってテレビに強い関心を示す前に、逆のことをたくさんすることです。子どもはテレビとの関係よりも、親との関係の方が絶対に楽しいと思っています。そういう関係づくりをしてあげないから、テレビの方に行くだけです。関係づくりがないまま育っていくと、本当の人間関係ができなくなって、一種の対人恐怖のようになります。すると、思春期になってもメールの方が安心になってしまいます。

私は大学の学生たちとも一生懸命にコミュニケーションしようと努力をしていますから、私とはわりあい気安くしゃべってくれていると思います。いろいろなことをいいに来たり、こちらもいいたいことをいったり、尋ねてみたりします。そうしているうちに、学生は他人と直接会い、直接あれこれ会話をすることへの抵抗を携帯電話で和らげているところがあることがわかってきました。直接会って話をすればいいものを、それはややつらい、ストレスを感じる、不安を感じる。しかし、コミュニケーションがなければとてもつらいから、携帯やメールでの相手からのメッセージを待っている。

「待っているくらいなら、サークル活動でもクラブでも、会っておしゃべりでも、お茶を飲みに行くのでも、なんでもすればいいんじゃないの？」というのですが、それはなかなか生き生きとはできない。これが問題です。

テレビに代わるコミュニケーション

学生だけでなく、他者とのコミュニケーションが苦手な親も増えています。そういう親とどうコミュニケーションをしていくかということを、コミュニケーションができる人が本気で考えなければいけないと思います。彼らや彼女たちからはできないのですから。

私は大学に、自閉症児のお母さんの集いや引きこもっている家族を持っている保護者の集いの場を設けています。また、そういった特別なことのないように思える普通の市民の集いも定期的に持っています。そこで、人と人とが交わるということがどんなに楽しいかということをわかって欲しいと思っていますし、それがなかったら人間らしい営みはできないということをわかって欲しいと思っています。

私は仲間たちといま、人々が集まってきて、あそこに行けばおしゃべりができる、できなくても参加できて、だんだんおしゃべりが上手にできるようになって癒《いや》されてくるねという場――仮に「人間の広場」といっています――を神奈川県の各地に作ろうと本気で考えています。そういう場にお母さんに来てもらえば、いまよりもっとコミュニケーションができるようになって、「テレビを見てなさい」とほったらかしにすることが減っていくだろうと思います。私の最後の仕事はこのボランティアだと考えています。

これはつまり、テレビに代わる道を用意しようということでもあります。お母さんにとっては、テレビが現実に子どもとの暮らしを支えている部分があるわけです。だからといって、テレビという支え棒を外してどうするかと考えてもだめです。「もっといいものがあった」という方が楽しいし、その方がほっとする。その結果としてテレビを見る時間が自然に減って来るというのがいい。私ははっきりとそう思い続けています。

子どものしつけも同じです。「こんなことをしてはだめだ」というやり方はだいたいうまくいきません。「こうしちゃいけない」を一生懸命に伝えていく教育や子育てはあまりよいことではありません。そうではなく「こうするといいよ」という道を作る。「こうしたらどうだ」「ああしたら、こういうことができますよ」といって、結果としていつの間にか「こうしちゃいけない」ということが減ってきたというのがいいと思います。

私は自閉症児と30年以上つきあっていますが、自閉症といわれる子どもは「こうしちゃいけない」といわれると100パーセントパニックに陥《おちい》ります。ところが、「こうするといいよ」ということを上手に伝えてあげると、「こうしちゃいけない」という方は自然に消えていきます。

しかし、こうした考え方はなかなか理解されません。そこで「『あなたは今住んでいる家に住んじゃだめですよ』といわれてごらん、途方に暮れるでしょう?」と例をあげることがあります。「ここは国民のために、市民のために、県民のために大切な道路ができるから立ち退いていただかなければいけないけれど、あなたのために別な場所にちゃんと住宅を用意しましたから立ち退いてください」というのならわかっても、突然「ここに住むな」といわれたら誰でも途方にくれます。子どもだけでなく、大人だって途方に暮れます。

別の道を見せて、気に入ってもらったら不用な方を壊《こわ》す。

しつけもこの方法でやっているとだんだん「それをしちゃだめだよ」と叱らなくて済むようになります。

最初は難しいように思えるかもしれませんが、思い続けてやっていればだんだんできるようになります。私はいつもこの発想です。この発想で何十年も生きてきて、そう間違ったことにはならなかったと思います。

(出典:「子どもたちの幸せな未来 新③子どもの脳と心が危ない!」)

テレビのない生活は楽しい！

吉良　創（NPO法人南沢シュタイナー子ども園教師）

幼児期の子どもの課題

人間が生まれてから死ぬまでの一生の中で、生まれてから最初の7年間でしかできないもっとも大きなことは、身体を作っていくということです。それは、遺伝によってもたらされた身体を自分のものに作り変えていくことであり、感覚器官、内臓器官などのそれぞれの器官がその機能を持つまで成長発達していくということです。7歳までに育った身体やその傾向を元に、それ以降は、大きく育ったり、機能が高まったりという成長発達をしていきます。そして大人になってターニングポイントを過ぎると、やはりその傾向を持ったまま衰えていきます。

人間は、生まれたときからすぐに一人の人間として、自分一人で生きていくことはできません。馬や牛は生まれるとすぐに、小さいけれど一人前の馬や牛として生きていくことができます。動物は生まれたときから、その動物として生きていけるように、その能力が備わっています。しかし人間は生まれたままでは、人間として生きていくことができません。「人間であること」を学んでいかなければならないのです。身体の基盤を作っていく幼児期は、身体を作っていくと同時に、「人間であること」を学んでいく時期なのです。本当に大切な時期です。この時期にどのように身体を育んだかが後の一生に大きく影響を与えるのと同じように、あるいはそれ以上に、幼児期にどのように「人間であること」を学んだかは、その人がどのような人間として生きていくかということに深く影響していきます。

このような大切な時期の子どもは、どのように生活したらよいでしょうか。子どもの精神、こころ、そして身体が健やかに育つために、幼児期にテレビを見ることはどのようなことを意味しているでしょうか。

子どもは身じろぎもせずにテレビを見ている

テレビを見ている幼児を観察してみましょう。どのようにテレビを見ているでしょうか。大人のように、何かをしながらテレビを見ていることはなく、手や足の動きは止まり、テレビの画面を凝視し、まるでテレビに吸い込まれていくのではないかというような印象を与えます。大人のように編み物をしながら、何かを食べながら、電話で話しながら、あるいは、何か仕事をしながら、テレビを見ることは幼児にはあまり見られません。テレビの前で微動だにせず、静かに、画面を見つめています。

その子どものテレビを見ていないときの姿を思い出してみますと、テレビを見ているときのように動かないでいる時間はほとんどありません。常に動いているのです。歩いたり走ったり、飛び跳ねたり。笑ったり歌ったり、泣いたり怒ったり。寝ているときも子どもはびっくりするくらい動く存在です。それがテレビを見ているときにはその動きがピタッと止まるのです。そしていろいろなところで発表される統計では、幼児も1日に何時間もテレビの前で過ごしているのです。

人間の筋肉は全体で連動していて、どこかに力が入ると全体に力が入ります。金槌《かなづち》で釘を打つとき、ほとんどの人は歯を食いしばります。下あごの力を抜いた状態で腕に力を入れて金槌でたたくことは、普通はできません。カメラのファインダーを覗《のぞ》くとき、身体はじっと動きを止めます。身体が動いていては静かにファインダーを覗くことができません。通常の生活の中では、目の筋肉は常に動いています。近くのものや遠くのもの、常に違った距離にあるものや動いているものに焦点をあわせようとしているからです。そしてそのような普通の生活では私たちの全身も自然に動いています。しかしテレビを見ているとき私たちの目は、テレビの画面に焦点をあわせ、そこから動くことをしません。テレビを見ているときは、見る行為に子どもは意志や意識を注ぎ込みますから、テレビの画面に焦点を合わせようとする目の筋肉の緊張した状態での静止は、全身の筋肉の動きを止めることにつながり、最初に観察したような子どものテレビを見る姿になるのです。

テレビを長時間見た後、大人でも身体が重くぐったりしたりして、すぐに次の活動ができなかったり、逆に身体を動かしたかったりするのではないでしょうか。

幼児の場合も、テレビをじっと集中して身動きせずに見た後には、二つの行動の傾向が見られます。一つは、身体が重く、ぐったりして、次に何かをする衝動が起こらず、何もできない、なにもしたくないという無気力に状態になる傾向です。もう一つは、急に爆発的に動こうとする傾向です。走り回ったり、叫《さけ》んだり、あるいはアグレッシブ（積極的）な行動を始めたりすることが見られます。

どちらの場合も、子どもは不機嫌であったり、興奮していたりしていて、普通のよい状態と違う状態にあります。もちろん子どもにも個人差がありますから、顕著《けんちょ》にその傾向が見られない場合も多いと思いますが、それぞれの子どもにおいて、テレビを見ていない自然な状態のときと比べるとその変化に気づくでしょう。

テレビを見ることの影響

テレビからもたらされる映像や音の情報は一方的に子どもにもたらされます。子どもはそれに対して反応しても、テレビはそれの相手はしてくれません。子どもの脳は、与えられた情報を処理しようと働きます。そして、与えられたものを処理するという受身的な思考のための道具として働きます。創造的に自分で考えるための道具としての脳ではなく、何か情報が与えられて初めてそれを処理するために働く道具としての傾向を持ってしまうのではないでしょうか。その結果、自分独自の考えや判断が持てなくなり、与えられたことを批判的に観察し、否定的な判断を下すことが当たり前になっていきます。このような思考は、現実に物質的に存在するものだけに関わろうとして、目に見えないものごとや世界へ対する健全なかかわりをもてなくするような働きかけを持っていると思います。

テレビスタジオにはたくさんの違ったカメラによって撮影される映像が、たくさんのモニターに映し出されています。そしてそのたくさんのモニターの前に座ったディレクターが、どの映像を使うかを秒単位で切り替えていきます。昔の映画のように長回しで一つのカメラで撮影した映像が長時間続くことは稀《まれ》で、映像をより刺激的なものにするために、秒単位で違ったカメラによって撮影された映像が切り替わっていきます。

私たち人間は自分の目を通して、一つの視点で世界と結びついています。それは私たちに安定を与えます。一つの視点を通してまわりの世界と結びついていくことを通して、その視点の内側にある視覚的印象の受け手である自分意識が確立していくのです。

次々と移り変わる違った視点からの映像を見ることは、私たちの意識を覚醒《かくせい》させ、不安定にします。まだテレビの映像に客観的に向かい合うことができない幼児期の子どもがそのような映像を見ることは、彼らのまだ眠っている、夢見ているような意識をその刺激によって覚醒させていきます。

これはテレビやビデオの内容にはまったく関係ありません。どんなにすばらしい内容でも、子どもに見せたくないような内容のものでも、同じように子どもの動きは止まっていますし、それを受身的に処理しようとしていきますし、それによって覚醒させられ、見た後の影響もでてきます。また、何時間テレビを見続けても、5分だけ見ても、その傾向があることには変わりありません。

身体を作っていくのが仕事である幼児期の子どもが、健やかな身体を育んでいくために、悪影響を受けるのは必至でしょう。

幼児にとって必要なメディアは？

テレビは一つのメディアです。テレビを考えるときにメディアについて少し考える必要があります。メディアとは媒介するもので、情報を伝える手段です。さまざまな情報はテレビなどのメディアを通して私たちの元に届きます。情報を伝えるテクノロジーの進化にともない、メディアのあり方も、情報の伝え方や情報の質や量も変わってきました。私たち大人にとっては必要な情報がメディアによってもたらされますが、同時に必要のない情報も多量に私たちの元に届きます。現代社会に生きる私たち大人は、その中から必要な情報を得る技術や、必要な情報とそうでない情報を取捨選択するフィルターを自分の中にしっかりと持っていなければなりません。

最初に幼児期の人間の課題は、「人間であること」を学んでいくことと書きましたが、幼児は「人間であることを」テレビやビデオから学ぶことはできるでしょうか？

幼児は「人間であること」を直接、人間に接することを通してのみ学んでいきます。そして、そのために幼児期の子どもに与えられている力が「真似」をする能力です。まわりにいる人間がしていること、話している言葉、思っていること、考えていることを、無意識に真似しながら人間であることを学んでいきます。ですから、まわりにいる家族や教師や他の人間は、その子どもが人間であることを学んでいくための「お手本」なのです。

幼児期の子どもの行動範囲はとても狭いものです。赤ちゃんの行動範囲は、布団の上や母親の腕のなか、ベビーカーの中などの本当に狭い範囲ですが、運動能力の発達にともなって、行動範囲は広がっていきます。それでも幼児期の子どもの行動範囲は自分の家や幼稚園のまわり、いつも行く公園や散歩道、商店街、おばあちゃんの家やそのまわりなど、まだまだ少しの場所に過ぎません。自転車に乗れるようになり小学校に行くとその範囲は広がっていきますが、大人に比べればまだまだ狭いものです。

その限られた範囲の中で、子どもたちは自分に必要な情報を自分で直接集めてきます。それは情報を集めるというよりも、自分のまわりの世界にあるものごとや人間と直接出会っているのです。そしてそれらと無意識に深く結びついて、その「質」の部分を自分に取り入れ、そのように自分の身体を作っていき、そしてそれを真似していきながら、「人間であること」を学んでいるのです。

たとえば、ニューヨークでの出来事のニュースがテレビからもたらされても、本来幼児にはリアリティは持てません。小学生になって、まず自分の住む町について学び、その後、市、県、日本そして世界と順番に学んでいきますが、そのように子どもの意識の成長発達とともに結びつける範囲も広がっていきます。テレビによってもたらされる、自分の生活とかけ離れたことに関する間接的な情報と、向かい合って本質的に結びつくことは、幼児期の子どもにはまだできないのです。それができ始めるのは9歳ごろからです。

幼児期の子どもは、大人のような自我、自分意識を持っていません。まだまわりの世界に開かれた意識を持っており、外の世界と内なる自分の世界が切り離されていないのです。それが9歳ごろになると外の世界と中の自分の世界に境界線が引かれ、今までは一心同体のように強い結びつきをしていたお母さんや先生も、外にいる他人として、それに向かい合って接するという内的姿勢が取れるようになります。

幼児期の子どもは、メディアによってもたらされる間接的な情報に向かい合って接することはまだできず、それを取捨選択するフィルターを持っていません。ですから幼児期の子どもに必要な情報は、テレビのような間接的に情報をもたらすメディアからではなく、親や教師やまわりにいる人間を通して、子どもがそれを学んでいくことが幼児期の子どもには必要です。メディアという表現を使うのであれば、幼児のまわりにいる人間が、メディアとなるのです。

昔話を語り聞かせるとき、私たち大人はメディアとなります。それを語る私たちを通して、子どもたちは人間の叡智と出会います。内容が同じであっても、それをCDで聞いたりテレビで見たりするのとは全く違う結びつき方がそこにはあります。

テレビの情報の内容

ヴァーチャル・リアリティーということばがあまり使われなくなってきました。それくらい、コンピューター・グラフィックス（CG）を駆使したテレビの二次元の画面を三次元の立体のようにリアルに操《あやつ》る技術が急激に発展してきました。まだそれと向かい合うフィルターとしての自分意識が確立していない時期の幼児が、そのような映像を見ることは、どのような影響があるでしょうか。

幼児期は「人間であること」学んでいる時期と述べてきましたが、それは「地球の住人」になるということも同時に意味しています。土や砂や石、泥んこや水たまりや雪。ドングリや木の葉、虫や鳥や動物、川や山や海。地・水・火・風といった地球の自然の要素と直接触れ合うことは幼児にとって本当に大切なことで、それを子どもたちは無意識にやっていきます。そしてその中で、ものごとの「本質」と出会うことによって、自分の「質」の部分である自分を育てているのです。外なる「質」と出会うことが、内なる「質」を育てるのです。

この意味で、幼児がヴァーチャルな世界に出会う必要は全くありません。これは幼児期全般にいえることですが、特に最初の自分意識の表れである、二歳半くらいからの反抗期以前の子どもが、そのような映像に出会う必要は全くありません。まだ外と中の境界線が全くない時期だからです。「質」が「質」を育てるということは別の見方をすると、ヴァーチャルな質の無い世界は、子どもの内に自分という質ではなく、無機質なる内的世界を作ってしまうということになります。自分の中に「質」を持てない人間は、まわりの人間の中に「質」を見出すことはできません。そうすると人間同士のコミュニケーションは難しくなるのは必至でしょう。

人間は目で見たものをいつの間にか正しいと思い込んでしまう傾向があります。暴力的な場面やことば、殺人などの場面がある映像（多くのテレビやゲームに見られますが）を見るということは、無意識にそれがよいことであると幼児は（大人もですが）受け取ってしまいます。そのような映像を見せておきながら、それと同じことをするなと子どもに要求しても、それは無理があります。

デーヴ・グロスマンというアメリカ人の心理学者は『戦争における「人殺し」の心理学』（ちくま学芸文庫）という著書の中で、たくさんの殺人シーンや暴力シーンのある映画やビデオを見たり、銃で的を撃つようなゲームをすることは、現代の軍隊の訓練の中で行われていることであり、それが今、子ども部屋で行われており、それは、子どもに暴力というウイルスを広め、殺人を教えていることに他ならないと指摘しています。

外からの質が子どもの内なる質を高める

画面と向かい合っているという意味では、テレビゲームや小さな液晶のゲーム、コンピューターもテレビやビデオと全く同じです。ただし、テレビやビデオの場合は情報を一方的に提供されて受けているだけですが、コンピューターでインターネットを見たり、ゲームをする場合は、こちらからも係わることができます。自分も参加しているという部分もあります。例えばロールプレイングゲームでは、自分が主人公となってゲームが進んでいきます。しかし、テレビと同じようにまず「与えられる」という点は変わりありません。与えられたところから何らかの反応をする、ということの繰り返しなのです。本人は能動的に遊んでいるつもりなのかもしれませんが、常に与えられた選択肢に対しての選択でしかありません。あるいは、「与えられた」ことにどう対応すればいいのかという指先の動きです。そうした遊びは創造的というよりも、ある限られた中での行動です。

幼児の遊びとは本来、非常に創造的なものです。どこかに遊びに行き、実際に自分が見たこと、体験したことが遊びの中に入っていくわけです。歯医者さんに行った子どもが歯医者さんごっこをするときには、自分が行った歯医者さんのようすを非常にリアルに再現します。おままごと遊びでも、お母さんが家でやっていることが見事にそのまま出てきます。子どもの遊びには、自らが体験したことが模倣衝動とファンタジーの力を通して内部から出て来るというプロセスがあるのです。

こうした遊びとコンピューターゲームなどの遊びとの質の違いは明らかです。言葉で表現するのは難しいのですが、子どもの様子を見ていると、遊びに係わる姿勢が明らかに違うのです。

子どもは本当に遊んでいるときは、その遊びに没入しています。その世界に入りきって、自分の体験をまわりのものを上手に使ってリアルに作り出します。そしてその遊んでいる姿には、その子ならではの輝きがあります。体験したことの真似である「ごっこ遊び」の中に、その子ならではのオリジナリティがあるのです。テレビやゲームなどで遊んでいる子もその体験から遊ぶわけですが、モニターやスピーカーを通して見たり聞いたりした体験で遊ぶ子どもは、ある動きをひたすら繰り返したりしているだけであったり、ただ戦うだけだったりして、遊びの中に入り込んで遊んでいるという感じがありません。その子ならではのオリジナリティは見られず、どの子どもも似たような遊びになりがちです。その子ならでは輝きが少ないように思います。

本来の子どもの模倣衝動は、人を中心にしてまわりの世界に向かいます。直接人と出会い、人になることを学んでいきます。人に直接出会うことは、その人の質と出会うことです。ところが子ども向けのアニメやコンピューターグラフィック、メディアを通して出会うときは、それが実写であっても、人と直接会う場合とは明らかに違います。〝媒介〟しているために、直接に出会ったときには働く感覚がどこか働いていないような印象を受けるのです。

子どもは、外からの「質」と出会うことで自分の「質」を――同じ「質」になるということではなく――高めていくわけです。しかし出会う「質」が無機的なものとばかりだと、ある意味で、その子の自我の部分が無機的になっていく可能性があるのではないでしょうか。

コンピューターゲーム自体が悪いということでなく、そのメディアがどういう「質」を持っているのかということを知り、子どもがそれを利用するためにふさわしい成長・発達の段階があることを考えて欲しいと思います。小さければ小さいほどそうしたメディアの影響は懸念されます。私は少なくとも小学校低学年くらいまでは、それらに係わる必要はないと思います。

テレビとどうつき合うか

幼児のいる家庭では、自分の家庭の方針としてテレビのない生活を選ぶことができたらそれが一番よいと思います。しかしその際、「テレビを見たらいけない」とか「テレビはとてもよくない」という理由でなく、テレビのない生活の方が楽しいから、それを私たちは望んでいるから、といったポジティブ（肯定的）な観点からそうするのだととてもよいと思います。テレビに対するネガティブ（否定的）な考えからだけでテレビをやめても、それ以外の楽しい生活がなければその先にすすまないからです。

テレビを無くすことができない人には、幾つかの提案をしたいと思います。例えば、子どもの生活している空間や時間ではテレビは見ないようにするというのはどうでしょうか。テレビをお父さんの書斎や寝室などに移して子どもの生活圏からどけるだけで、子どもには、現実に居間にテレビのない生活が当たり前になっていきます。そして子どもが起きてから寝るまでの時間は大人も見ないようにします。もしその間、見たい番組があれば、ビデオなりDVDなりに録画して、子どもが寝てから見るようにするというやり方もあります。最新AV機器は子どもをメディアの情報から守ってあげる「おおい」を作る手段に使ってください。

テレビが動かせない場合、布を上からかけましょう。それだけで幼児にとってテレビは気にならなくなります。片づけをしたおもちゃに布をやさしくかけて「おやすみない」というと、たいていの子どもはその布を取ってまでおもちゃを取ろうとはしないものです。

子どもがテレビを見たいという衝動を持つのは、その子どもの生活空間にテレビがあって、それを見ている人がいるからです。そして子ども向けの番組やビデオを見たがるのは、それを最初に大人が与えたことによります。子どもが勝手にテレビやビデオを扱うことをしないでいられるような環境を作ることはとても大切です。

このように子どもの生活圏からテレビが無くなると、子どもの遊びは確実に変化していくことに気づくことができるでしょう。本来の幼児らしい遊びが復活していきます。そして子どもの前で、一緒にできる料理や手仕事をしたり、自然と触れ合えるところに散歩に行ったり、楽しく過ごす可能性はとてもたくさんあります。

9歳過ぎた小学生はテレビとの向かい合い方も変わってきます。それ以前はテレビを見始めると自分でやめるということはあまりないのですが、この時期を過ぎると、親との取り決めに応じてこの番組だけとか、何分だけというような線が引けるようになります。しかしわざわざ見せる必要はなく、その番組の内容や時間について親がしっかり選ぶ必要はあると思います。そして一方的なテレビと向かい合うわけですから、見た後にその内容などについて話をするというプロセスがあると、単に受身的に見るのとは違う働きかけができると思います。

コンピューターもできるだけ早い時期から子どもに使わせようという社会的な流れがありますが、幼児の暮らす家庭では、コンピューターは大人が仕事のために使う道具であることを、子どもがはっきりと感じることのできるような使い方をしてください。できるだけ子どもの前で使わないほうがよいですし、ゲームや子どもが興味を持ちそうなキャラクターやCG映像が子どもの目に入らないようにすることが、コンピューターからの情報や刺激、コンピューターへの興味から、子どもを守る「おおい」となります。

幼児向けの遊びや勉強のプログラムがたくさんありますが、それらを子どもにさせる必要はまったくないと私は思います。将来コンピューターをしっかりと自分がやりたいことのために道具として使いこなすためには、コンピューターの使い方に早くから慣れるよりも、コンピューターを何のために使うかということをしっかりと知り、それを操る主体としての自分という人間が、しっかりと育っていることのほうがずっと大切です。そのような人間になるために、小さい時からコンピューターに慣れることは、よい策とはいえないのではないでしょうか。

（出典：「子どもたちの幸せな未来　新③子どもの脳と心が危ない！」）

第3章

親子の絆《きずな》が強くなる家庭教育

親の性格と家庭の事情に添った子育てが一番いい

毛利子来《たねき》（小児科医）

子どものストーカーになるな

3歳までは子どもと一緒にいた方がいいという「3歳児神話」があります。そこまでは無理でも、せめて1歳まではなどといわれ、子どもを早く保育園などに預けるお母さんにプレッシャーを感じさせます。

0歳児保育は1960年代に東京都で初めて始まりましたが、それから40年以上が経ち、いまでは保育所に預けられて育った子どもたちが成人して親になっています。しかし、子どもにつきっきりで育てた場合と比べて、そういう親たちが特に他の人と違っているとか、事件を起こすとか、身を持ち崩すとかいったことが多いわけではありません。3歳以前に親から離れて育つことについて、いろいろな学者が実態調査をしていますが、理屈はともかくとして、事実として大丈夫だということは実証されています。

3歳までは一緒に、せめて1歳まではといったら、生まれてすぐに母親が重病になったり、亡くなってしまった子どもはどうなるのでしょうか。経済的にやっていけなくて親が働きに出た環境で育った子どもはみんなだめなのかというと、そんなことはありません。ぼくの母親もぼくが生まれてからすぐに重病になり、とうとう小学校のときに亡くなりました。父親も戦争で亡くなっていますから、ぼく自身も「みなしごハッチ」のようなものです。それでもなんとか生きてこれましたし、少なくとも犯罪を犯したりしてないし、アルコール中毒にもなっていません。

現在のように母親が子どもにつきっきりで育てることは、日本では高度経済成長期以降に核家族になって始まったことです。それまでの母親は電気やガスがないこともあって家事が忙しく、農家や自営業であれば当然働いていました。大家族で子どもも大勢いましたからほったらかしでした。現代とは社会状況が違いますが、子どもにとっては、そのころの方が自由勝手に遊べたから楽だったのではないでしょうか。

いまの子どもはいつも親から監視され、「こうしてはいけない、ああしなさい」といわれ続けています。

もしも、お母さんたちが旦那さんの会社に行って見ていたら、うちの旦那は欠伸《あくび》ばっかりしてるとか、また上司に怒られたとか、女性社員と仲良くしたとか、同僚と喧嘩《けんか》したとか、帰りに飲みに行ってるとか、いろいろ気になるに決まっています。それを見て「なにやってるの、ちゃんとやってよ！」といちいちいったら、夫はたいていは怒るでしょう。

わが身に引きつけて見ればもっとよくわかるはずです。お姑《しゅうと》さんや子どもから、行動をいちいち指摘されたり、注意されたら、誰でも腹が立って「うるさい！」といいたくなります。子どもはそれと同じことをやられているのに、逆《さか》らうこともできないのです。私はよく我慢強く耐えていると思います。

でも、そういうことばかりやっているといずれ耐えられなくなってしまいがちです。表向きは従っていても、ストレスがたまるから、誰かをいじめたりして発散せざるを得ません。最近の少年少女の犯罪を見てみると、いい子で育ってきて「あの子がこんな事件を!?」というケースが多くなっています。

そんなわけで、ぼくは、いつもお母さん方に「子どものストーカーになるな！」といっています。

自分のしたいことはすればいい

子どものためには、親は子どもからできるだけ離れていた方がいいのです。親にとっても、子どもが何をしているか、いちいち知らなければ気になりませんから気楽です。子どもは必ず親の気持ちを裏切ります。思いどおりに育つことはないから必ずイライラします。親から見れば気になること——意気地《いくじ》がない、乱暴、落ち着きがないなどということがあっても、知らなければそれまでです。

ですから、ぼくは、家にいて子どもにかかりきりになっているよりは、自分のしたいこと、やらなければならないことをやることを勧めています。家の外に出ていろいろな人とつきあったり、社会的な仕事をすれば、生き甲斐が出てくるでしょう。外に出ればイヤなことも含めて世の中を知る機会が増えます。そうした社会的な経験や仕事の楽しみや苦労が、間接的に子育てに幅や奥行きをもたらすということもあります。

父親も母親も——とりわけ母親でしょうが——仕事にしても趣味にしても、自分がしたいことを「子どものために我慢して」辞めないほうがいい。とりわけ、「子どものために」と母親が仕事を辞めてしまった場合は、子どもに過剰な期待をかけがちです。自分のしたいことが子どものためにできなくなったということは、その人の人生が子どものために犠牲になっているわけですから、子どもへの恨《うら》みになっていきます。そして、「お母さんはこんなにやっているのに、あなたはどうしてできないの！」ということになるのです。

経済的に共働きをしないと大変な場合でも、「子どものためだから」と食費を削《けず》り、旦那の小遣いを削り、大好きな映画にも行かない、美容院に行く回数も減らすというふうにして、自分の楽しみを削って無理をしてまで子どものためにそばにいる必要はありません。生活上働いた方がいい場合はそちらを選べばいい。子どものためではなく自分たちのため、を考えた方がいいと思います。

お勤めでも自由業でも、趣味でも地域のボランティア活動や市民運動でもいいから、何かに関わって世間を広げると、いろいろ情報も入るし、経験も豊富になって、母親としても生き生きしてきます。それが結果として、子どもの見方を偏《かたよ》らせないで、子育てにいい影響を与えることの方が多いと思います。子どもをほったらかしてご飯もあげないようでは困りますが、現代ではむしろ面倒を見すぎのほうが心配です。それに、実は親が子どものためにできることは親が気負っているほど多くはないことが証明されてもいるのです。

人間のマイナス面を認めて

もっといえば、働きたくなかったら働かなくてもいいし、遊んでいてもいいわけです。子どもを監視することに手を掛けるのならば、パチンコやカラオケに行ったり、自分の趣味に凝《こ》っている方がよほどいいでしょう。それを見た子どもが「お母ちゃんはだめだなあ」とか「ルーズだ」ということを知ればいいのです。

ぼくがいまの日本の教育で一番足りないと思うのは、そういう人間のマイナス面だと思っています。やらなければいけないと思いながらずるずるとやらずにすませてしまう、やっつけ仕事でいい加減にやってしまった、一生懸命にやったけれど失敗した――こうしたことは誰にもあります。ところが、いまの育児では、人間にそういう至らなさがあることを認めないし、許さないことが多い。それが問題なのです。

例えば、月曜日に「学校行くのヤダ！」と子どもがごねているときに、頭ごなしに「行きなさい！」と怒鳴《どな》るよりも、「俺も月曜日には会社に行きたくないと思うなあ。だけど、行っているんだよ」といってあげてもいいでしょう。子どもは「お父さんも苦労しているんだな、同じだなあ」とわかるでしょう。そのことで親への親近感がわいてきますし、親も苦労して社会の中で生きているということが見えるので、人間への理解も深まっていきます。

子どものことばかりかまっている親よりも、むしろ「お父ちゃん、疲れているなあ」「ああ、お母ちゃんよくやってるな」といったことを感じさせる親の方が、人間の教育ができるのではないでしょうか。

こうした意味も含めて、家で子どもとずっと一緒にいて世話をしているよりも、むしろ両親が仕事を持って、保育所なりに子どもを預けている家庭の方が子どもも幸せだし、親も楽でいいとぼくは思います。

例えば、子どもが学校で何か問題を起こす。不登校になったり――不登校自体は悪くないですが学校からは問題にされています――盗みなどの軽犯罪を犯すのは、統計的には共働きで子どもを外に預けているよりも、家庭で育てている子どもの方が多くなっています。共働きの方が、親が子どもに干渉しすぎないということが、少ない理由の一つとして考えられます。

現代では、共働きの方がいい子育てができる時代になっている、という言い方もできると思っています。

ぼくは毎日、医院でたくさんの親子に接していますが、自宅で母親と2人だけで育っている子どもよりも、保育所に行っている子どもの方がおよそ元気です。自宅で育っている子はとても行儀がいい。「先生、おはようございます」などといいますが、どことなく精気がない子が多いように見えます。保育所の子どもはぼくの髪の毛をひっぱたりして、イキがいい感じです。大勢の子どもの中で、突き飛ばされたり、ものをとられたりして鍛《きた》えられるのでしょうし、先生を通して親とは違う価値観を持っている大人がいることを教えられますから、それだけタフなのではないでしょうか。

その意味で、保育所や学童保育に行くのはいいと思います。子どもは自分の親だけではなく、保育所や幼稚園の先生や学校の先生、友達の親といった、親以外のいろいろな大人に接した方がいいと思います。

親を不安にさせる〝外からの声〟

いまの親はほとんど、自分の子育てに不安や焦《あせ》りを感じているようです。ぼくは親の不安を大きくしているのは、専門家——特に医者や教育者、心理学者、そしてその人たちを使って「育児の指導をしてあげましょう」としている国の姿勢があまりに強すぎるからだと思っています。妊娠すればすぐに母親教室、生まれたら訪問指導、健康診断、育児指導があります。そこでは「太りすぎだ」「こうしてはいけません」「ああしてください」「こうしなければだめじゃないか」「この子は自閉的だ」といったことをいわれます。そういう情報がマスコミも含めて、しょっちゅう言われ続けているので、親の不安があおられるのです。

最近の親の育児力は衰微《すいび》している、という人がいますが、そんなこともありません。昔の親は何人もの子どもを育てて偉かったといいますが、昔は人手がいっぱいいました。大家族だから、おじいちゃんやおばあちゃん、おじさんやおばさんもいましたし、近所の人も見てくれるから、親は子どもの面倒をほとんど見なくて、10人生んでもなんとかやってこれた。特に戦前はほとんどが農村社会ですから、母親はおっぱいをあげるだけで、あとは野良仕事をしていました。子どもをほったらかしにしても、誰からも「ああしなさい」「こうしなさい」とはいわれませんでした。だから、いまにくらべて特別に育児力があったわけではありません。

いまは全く状況が変わりました。子どもを育てるには少なくとも一人は稼がなくてはならないから、もう一人が子どもの面倒をつきっきりでみています。子育てのほとんどを一人に負わせているから、トイレにも落ち着いて入れません。そうした状況でいまの母親も父親もとてもよくやっていると思っています。そこを見ないで、専門家や国家が個人の家庭生活にまでやかましく干渉しすぎているのです。

親の性分と生活事情でしか子育てはできない

ぼくが子育てについていつもいっていることは二つです。

一つは、子育ては親の「性分《しょうぶん》」でしかできないということ。

例えば、きちんとやりたい人に「もっと手を抜きなさい」といってもできませんし、逆に、几帳面じゃない人に「もっとちゃんとやりなさい」といっても無理です。

ぼくは子煩悩《ぼんのう》でしたが、ぼくのかみさんはスパルタ式でした。ぼくはかみさんに「あなた、もっと厳しくやらなければだめよ」とよく怒られたから、子どもに「ちゃんとやれよ」とはいいましたが、「言い方が生ぬるい」とさらに怒られました。でも、ぼくたちの性分が違っていたから、母親に叱られた子どもはぼくのところに来て甘えられたのです。

子どもは「うちの母親はきついな、父親は甘ちゃんだな」などと思いながらそれぞれを好きになるものです。いつもきちんとして、保健士さんからいわれたとおり、医者にいわれたとおりにやっているとどこか嘘《うそ》くさい。その嘘くささに子どもは反抗します。親は子どもから尊敬されるよりも、「カワイイ」と思われた方がいい。フーテンの寅さんは至らないからカワイイ。きちんとした人はどこか嘘くさいものです。

もう一つは「生活事情」です。会社の業績が上がって収入が増えたときの子育てと、会社がつぶれたり首になったときの子育てでは、同じ親でもかなり違うはずです。経済事情も違いますし、それぞの地域の事情によっても子育ては違うはずです。だから、子育てはその事情に応じてやるしかありません。

学校でも担任が変われば子どもの姿は変わります。学校に行くのがイヤだといっていた子どもが、担任が代わったらそそくさと行くようになることがあります。まして、親によって子どもはすごく違います。国や専門家の育児指導は、そういう違いを抜きにします。みんながみんな同じようにできるはずはない。「私はこういう子どもに育てたい」という個人の理想はあるでしょうが、理想的な子育てはあり得ないと私は思います。

それなのに、子どもはこういうものだからこう育てたらいいと決めつけて、全国一律の指導をするのはおかしいでしょう。多くの育児論にも、親や先生、その他の状況によって子どもは違ってくるということが抜けています。「3歳までは……」というのも社会状況によって違います。いまは親子がくっつきすぎているから、その弊害《へいがい》の方が多くなっているのです。ですから、子育ては自分の性分と事情に応じてやるのがいい。専門家や国家の指導は「そういうこともあるかな」と話半分くらいに聞いて、いわれた通りにしようと思わないにかぎると思います。

科学的な子育てのウソくささ

それに、専門家や国家の指導も実は時代によってどんどん変わってきています。おっぱいの与え方にしても、ついこの間までは1歳を過ぎたらおっぱいはやめなければならないといっていました。さすがにおかしいことがわかって、いまではその指導はやめました。

専門家による育児指導の歴史は、専門家が親を苦しめてきた歴史です。親が子育てに苦しめられるようになったのは、明治時代から近代合理主義を取り入れ、科学を崇拝《すうはい》し始めて以来のことです。赤ん坊がおっぱいを飲みたがって泣いていて、お母さんのおっぱいも張っているのに「夜中におっぱいをやっちゃいけない」といったり、「添い寝は野蛮《やばん》の風習なり」「アメリカのように別室に寝かせよ」といったことを東大の小児科の教授がいった時代もありました。

そんなことよりも、親がいいと思うことをやってみればいいといいたいのです。子どもがほしがっていれば飲ませればいい、飲まなかったらやめればいいだけのことです。

一般的には、何カロリー、何グラム、何度という言い方の方が科学的だと思ってしまいますが、事実はもっと複雑です。体温が38度といっても、脇の下を測った時点の体温がわかっただけのことです。同じ38度でも寒い38度と、ふわーっとして気持ちいいような38度もありますし、あちこちが痛い38度もあるのです。そうした違いは38度という数字ではわかりません。38度あっても元気に遊び回っている子どももいるし、ぐたーっとしている子どももいます。その違い、それぞれの状態こそが大事なのです。

ロンドン大学の研究では、体温測定よりも母親が子どもを抱いたときの感じの方が、より正確に病状を反映しているという結果が出ています。そのくらいですから、医者を含めた専門家のいうことを鵜呑《うの》みにするのではなく、親が子どもを見、自分で感じる感覚を育てることが大切なのです。

そもそも、子育ては科学だけではできませんし、合理的にもいきません。子育ては暮らしであり、人生の一部ですから、そうしたものとしてやっていくしかありません。事実や生活体験を大事にすることこそが、科学的な態度だと思います。

ぼくの病院に来るあるお母さんが、保健所に3歳児の健康診断に行ったら「この子は言葉が遅い。言語が発達していない。あなたの愛情が足りません。もっと愛してあげなさい。もっと言葉がけしてください」といわれ、ぼくのところにやってきました。そのお母さんはとても愛情の豊かな人で、おしゃべりな人なので「これ以上、言葉がけをしなければいけないの!?」と嘆《なげ》いていました。専門家は専門馬鹿のところがあって「言葉の遅れは言葉がけが足りない」という一般論だけで、その親を見ていません。同じように、「38度になったら薬を飲ませろ」と体温だけで考える医者は科学的ではありません。ぼくは生活の実際の体験で考えることが暮らしの科学ですし、生き物の科学だと思います。一律に「何か月になったらこうしなさい」という方が非科学的なのではないでしょうか。本で読んだり、テレビで見たり、専門家から聞いたことをそのまま信じるのは科学ではありません。

特に父親は、理論的に考えすぎて理屈に走りがちなので、もっと感情や感覚や勘《かん》といったことを見直してほしいと思います。

子どもの調子がおかしくて、母親が直感で「これはただごとじゃない」と思っても、父親が「医者はどういった？　扁桃腺《へんとうせん》。じゃあいいんじゃないの」という感じで、専門家を頼り切っているところがありますが、その分、勘がにぶい。むしろ、母親の直感で（これはおかしい？）と思ったときは当たることが多い。もちろん心配しすぎも多いけれど、父親はもっと感覚的なものを大事にした方がいいと思います。「どっか怪しいな」「これでいいのかな」という感じはとても大事だと思います。

「親の役割」なんてない

このごろよく「親の役割」とか「父親の役割」という言い方をしますが、それはアメリカから入ってきた社会学の考え方で、英語でいう「role《ロール》」です。アメリカの実用主義の考え方では人間関係を役割で捉えますが、私はそういう考え方に疑問を持っています。恋人は役割で恋人をやっているわけではなく、惚《ほ》れたからつきあっているだけです。親も、親になりたくてなった場合もあれば、できちゃったから親になった場合もあります。いわば宿命として親になったわけです。

男女の間に子どもが割り込んでくれば、ぎくしゃくしたり、もめたりしがちです。それでも愛し合いながらやっていくわけです。子どもがかわいいから、気になるからおっぱいをあげたり、おしめを替えたり、鼻を拭《ふ》いたり、ご飯を食べさせたり、面倒をみるわけです。あるいは、子どもがギャーギャー泣くからほっとけなくてやるという場合もあるでしょう。

悲しいときは涙が出ます。イライラしたら八つ当たりもします。それなのに、母親の役割だから愛情豊かに子どもに接しなければいけない、というのでは苦しいだけです。特に家庭にいるときは子どもに四六時中見られていますから、無理をして繕《つくろ》っていれば、子どもは「お母さんのインチキ」を見抜きます。親が「子どものために何か役割を果たさなければならない」という意識をやめ、自然体でいると、子どもは「お母ちゃんはきびしいけど、お父ちゃんは甘いなあ」「お母さんは優しいけれど、お父さんは素っ気ない」というふうに理解します。同じお母さんだって機嫌の良いときと悪いときもあります。同じように散らかしているのに、叱られたり叱られなかったり、いろいろ違います。そういうふうに人間にはいろいろな面があることが自然なのですから、役割で親をしようと思わない方がいい。もっと人間味を出していいのです。

父親、母親の味は自然に出てくる

父親も同じです。「オレは父親だから厳然《げんぜん》としていなければいけない」「大事にときにはオレが出ていくぞ」と観念で考えないで、ありのままでいい。いろいろな人がいますから、みんなが同じような父親であろうというのは無理です。やはり、その人の性分と置かれた状況でやっていくのが一番いいんです。

そうしていても男と女は違いますから、母親とは違う父親の味が自ずと出てくるはずです。赤ん坊でも、母親に抱かれたときと父親に抱かれたときの体の柔らかさや硬さ、大きさの違いを感じるでしょう。父親はヒゲでごわごわしていて、母親は肌がツルツルしています。匂いも違います。抱き方だって、強く抱いたり優しく抱いたりするし、感情にも当然違いがあるはずです。そういった男性らしさが子どもに自然に伝われば、結果的に父親としての役割を果たしたことになるのです。

ただし、父親は子どもの存在や育児に関してどこか座りの悪いところがあって、母親のようにはのめり込みにくいものです。女性は妊娠するとつわりがあったり、だるかったりもします。お産も大変です。生まれてからもおっぱいを飲ませるので、自分のお腹を痛めた子どもという感覚が幼児期から小学校低学年くらいまではかなり濃厚です。父親は身体の面で母親のような肉体的な一体感を持ちにくいし、「これは本当にオレの子か!?」というような気持ちがどこかにあるものです。

父親は身体的、情緒的な一体感において母親にはかないません。だから、母親と子どもの関係に入り込みにくいし、疎外感を味わざるを得ない。いくら子煩悩《ぼんのう》でもどこか醒《さ》めたところがあるのが父親ですから、どうしても「個対個」の関係になります。

子どもにしても、父親はちょっと変わった人であったり、ペットやおもちゃに近い存在であったり、遊び友達のような個人的なつきあいの関係が基本で、母親とのとろけるような一体感は乏しいと思います。

逆にいうと、だからこそ父親は、母親と子どもとの間にある情緒や身体的な一体感からある程度離れたところから、客観的に子どもを見られるわけです。つまり「自分の子どもだから」ではなく、「人間としてすべきではない」や「こうしたほうが人としていい」ということを教えられる可能性があるわけです。

しかし、それはいわゆる「社会規範」ではありません。実際に社会生活を送る上で他人に迷惑をかけないことや、自分自身が社会生活を送る上で困ることを、自分の社会経験の実感を持って教えてあげやすいのが父親です。だから、父親は子どもとの一体感を求めるのではなく、客観的な立場で育児ができる立場を磨《みが》いた方がいいと思います。

ぼくは、父親は自分の仕事の苦労や失敗、悩みや喜びを、折りに触れてもっと子どもに話すといいと思います。子どもが宿題をしなかったときに「しっかりやるんだぞ」というばかりでなく、自分も仕事でやなれけばならなかったことをついついやらないで失敗した、というような話を聞かせてあげる。そのことで、子どもから軽んじられるようなことはないはずです。むしろ人間としての株があがるし、愛着を持たれるはずです。そうした話には実感が籠《こも》っているからです。それから、例えば、小学生の子どもがスーパーに行って万引きしたりすると、母親は泥棒になるんじゃないかと真っ青になっておろおろしがちですが、ぼくがあちこちに講演に行ったときに聞いてみると、父親は一瞬（やった！）と思うことがあるようです。万引きはもちろん悪いことですが、そういう出来心があることを認めた上で、ただ上から怒るだけでなく、「オレもしたことがあったけれど、やはりまずい」という言い方ができるのも父親ではないでしょうか。

母親も父親も「母親の役割は？」とか「父親の役割とは？」と考えずに、子どもに対して自分がやりたいこと、やってあげたいことをやればいい。そういう自然な人間関係でいいのだ、とぼくは思っています。

（出典：「子どもたちの幸せな未来　新①共働きの子育て、父親の子育て」）

おうかがい症候群にかかっていませんか？

青山　繁（NPO法人「大地」理事長）

蔓延《まんえん》するおうかがい症候群

最近の子育ての現場で、大人の中に、子どもの人権・主体性・自由の尊重、一人の人間としての認識として「おうかがい症候群」が溢《あふ》れているように感じます。

「○○したい、したくない」「やりたい、やりたくない」「これがいい、それともこっち」「行きたい、行きたくない」「欲しい、欲しくない」。子どもがすることの日常的な選択の決定権のおうかがいをたてることに始まり、「お母さんにどうして欲しい」「何をして欲しい」という思考が伴う事まで、幼児にうかがいをたてている場面が多く見受けられます。

例えば、子どもが具合悪い、病み上がりであきらかに休息する必要があるのに「子どもがどうしても行きたいというから」「どうしてもやりたいというから」と連れ出す親がいます。明らかにこれは、子どもの決定権ではなく、子どもの健康維持、身体保護を義務づけられている親の決定権です。

また、塾や教育現場の選択において、「どう、ここにする？　気に入った？　どうする？」「子どもが気に入ったといっているので、ここに決めます」「子どもがここを選びました」。「大人、両親はどうなのですか？」と尋ねると、「いや、決定権は子どもに委ねていますし、何よりも子どもが気に入らないとね」ということもあります。

添加物たっぷりの幼児に媚《こ》びを売る派手なお菓子と、そうでない地味なお菓子。プラスチックの派手な物と木のおもちゃ。子どもに媚びを売るアニメの遊具たっぷりの施設と、野山草原。おうかがいをたてると、ほとんどの子どもは刺激的な前者を選ぶ傾向があります。

遊びに夢中になっている子どもに対し、「買い物に行くけど一緒に行く？」「行かない」。しばらくして「何で連れて行ってくれなかったの？」「だって、あのとき行かないといったでしょ」。

物事の真理、価値、神髄《しんずい》、尺度は、幼児には備っておらず、これらを備えていくことが大人の努めですし、それ以前に、親は、人間として、子どもを導く存在として、自分の価値観を形成していく必要があると思います。

家父長制度の長所、短所は別として、家の家訓、わが家の守るべき事、絶対に守らねばならぬ事、わが家のポリシーなど、選択、行動、購入時においては、それらに沿って、照らし合わせて、行動形式が決められてきたことは事実です。そして、この中で、ときには親の行動（親の背）を見て、人生の価値の尺度、さらには、生き方を学んできたと思います。

子育ての責任

おうかがい症候群の都合の良いところは、失敗の結果になった場合、子どもが選んだのだから子どものせいであり、大人の責任、自己責任から逃れられることです。

そして、子どもは、その時々の気分による価値判断、選択基準が習慣化していきます。本当の愛で叱られたり、人生の羅針盤《らしんばん》を示されたり、注意をされたりすることなく、おうかがいを立てられて育ってきた子どもたちが、思春期になり、たくさんの価値に遭遇《そうぐう》して迷ったとき、自暴自棄になったとき、「小さいときからあなたの望む事は何でもしてきてあげたじゃない」と悩む両親の存在が浮かび上がります。

テレビやテレビゲーム、携帯電話、子どもが欲しがるから、他人も持っているからと買い与えるケースも、「おうかがい症候群」から生じる問題です。わが家は無理、これがわが家の方針という両親の価値、ポリシーが明確に小さいころから植え付けられていれば、そう悩むこともないでしょう。

携帯電話のメールやインターネットのサイトの恐怖は、まだ人類が未経験の恐ろしい恐怖です。これだけは、絶対に子どもたちから守らねばなりません。

人は人、わが家はこう、という理念を夫婦でしっかり話し合い、確認しあい、決めておく。そして、幼児には、これこれこうだという言葉や理念、理論で話すのではなく、だめなものはだめ、わが家はこうするの、だけで、言葉＝行動で示すだけで良いと思います。この日々の積み重ねを通して、幼児は、その価値観を行動形式の模倣《もほう》で自分の細胞に備えていくのです。決して、理論や理屈で生まれて間もない2歳ころから話さないでください。子どもがもう一人の自分、自我がはっきりしてくるのは、9歳くらいからなのですから。

それまでは、大人が、理屈抜きで、人間として守らなければならないわが家の家訓を、大人の行動を通して示していく義務があると思います。

子どもたちの未来を考えた場合、子どもにどんな人生のプログラムを与えるかということよりも、大人がどう生きるか、どんな哲学を持って生きるか、子どもに示せるかが大事なことです。

（出典：「子どもたちの幸せな未来 5見えていますか？ 子供のストレス、親のストレス」）

専業主婦、共働き夫婦の子育て

高木紀子（臨床心理士）

手抜きをして一緒に楽しむ

働いている主婦は、子どもに充分手間ひまをかけてあげられない、という悩みを持つものです。でも、子どもと接している時間は、量ではなくて質なので、ずっと一緒にいるのがいいわけではありません。ずっと一緒にいるからイライラしたり、昨今のニュースのように虐待のようなことが起きていたりもするわけです。

子どもとの時間は、短くてもいいから〝いい時間〟を確実に過ごせればいいのです。仕事から帰ってきて、ご飯食べてお風呂入って歯を磨いて寝るというルーティンの中に、ちょっといい時間を持つ、質の高い時間を持てればいいと思います。

例えば、子どもと一緒にゆっくりお風呂に入って、一緒に「気持ちいいね」といいあうとか、ご飯はありあわせかもしれないけれどデザートに季節のブドウを食べて、「今年のは甘いね」とか「この間のより甘くなったね」なんていいあうみたいなことです。よく「子どもをひざの上に乗せて絵本を一緒に読もう」とかいわれますが、もっと素朴な体験でいいと私は思います。なにをするんでもないけど、一緒になにかできるような時間を大切にしてほしいのです。

保育園や幼稚園から子どもが帰ってくると、「今日は何があった?」「今日はどうだった?」というお母さんがいますが、子どもはそういわれてもすぐに言葉が出ないものです。一緒にお皿を運んだりして、「こっちにちょうだい」なんてやっているときに、「あのね、今日ね、じつはね」なんて、そこで初めてぽろっと話が出るのです。

一緒にお風呂に入って背中を流して「こんなとこ蚊《か》にさされているじゃない」とかいいながら、まったりゆったり過ごす。そんなときに「お母さん聞いて、ほんとは保育園いやなんだぁ」なんていう話が出てくるのだと思います。そんな時間が実は質の高いひとときです。

ときどき働いているお母さんで「もういっぱい、いっぱいなんです」という方がいます。毎朝4時に起きて……という感じなのです。そう考えて、完璧にやらないとダメという人は苦しくなります。ご飯も手作りじゃないと、と思うと苦しくなってきます。そういうときは「シーツなんか1か月洗わなくても大丈夫よ」と私は助言するのですが、すぐにそうはできません。

自分の「OKライン」を下げるのが難しい人がいることは確かなことです。しかし、狭くて高い自分のOKゾーンの中で子どもと向き合おうと思っても、持っているのは誰でも24時間ですから無理です。働いている主婦は引け目をもってスタートする人が多いので、「働いているから、なおさら」という使命感で無理をしてしまいがちです。

だから、声を大にしていいたいのは、忙しいときにはコンビニに行ってお弁当を買ってきて、子どもと一緒にかわいいお皿に盛り付けて、「なんか豪華だね」といいあってもいいということです。「なにか手作りがないとダメ」と思ったら、子どもと一緒に手作りすればいい。いつも子どもにサーブする人になろうと思って使命感でがんばると、すごくきつくなります。手抜きをして一緒に楽しむ——これが大切です。

共働き夫婦は仲がいい

いろいろな心理学のデータによれば、夫婦間の仲が悪いと子どもは大人に気を遣いすぎるようになったり、荒れたりします。端的にいうと、自分を出さなくなるか、思いきり出すようになるか、どちらかになるのです。

お母さんが仕事をしたいのにしないでイライラしたり、旦那さんに恨《うら》みつらみをもちながら子どもとべったりいなくちゃいけないと思ってずっと一緒にいたり、自分が活かされていないという思いでお母さんがハッピーじゃないとしたら、子どもにも不幸なことです。もちろん、仕事をしなくてもとてもハッピーな女性はそれでいいわけです。

それに、夫婦とともに働いているほうが夫婦関係がいいというデータもあります。

専業主婦群と有職主婦群と、夫婦のそれぞれに「もう1回結婚するとしたら今のパートナーを選ぶかどうか」と聞いたところ、共働きの夫婦のほうがお互いに「今のパートナーを選ぶ」と答えるケースが圧倒的に多いのです。お互いに「外で働いている」ことで、お互いがすれ違わないで理解しあえる、共有できる体験があるからでしょう。

働いていない妻の場合、夫が「飲み会だ」「残業だ」といったときに理解できないといったことが起こりやすい。妻からすれば一生懸命に1日中育児をしているから、夫が帰ってきたら「今日は○○ちゃんが下痢して」という話をしたいのですが、それでは夫はおもしろくない。でも妻の世界ではそれがあたりまえだから聞いてほしい、というすれ違いが起こりやすい。共働きでは、こういうすれ違いが起こりにくいのです。「働いている」という共通の経験、テンポ、ものの割り切り方があること、そして二人で子育てをせざるをえない部分もあるので、必然的に協働のかたちになっていくのだろうと思います。

専業主婦と有職主婦の良いところ、悪いところ

専業主婦のいい面は、やはり子どもに目が行き届くということです。ただし、これは悪い面と表裏一体で、行き届きすぎてしまうこともあります。

また、時間的に拘束されないので、子どもに対してゆったり構えることができるはずだということ。働いていると、保育園までの道すがら「もうタンポポが咲くね」などといいたいと思ってはいても、現実には「早く早く」と追い立ててしまいがちです。

いざというときに動けることもいいことでしょう。「いざ」というときにもいろいろありますが、「今日持っていくはずの水着を置いてっちゃったから届けに行くわ」なんていうちょっとしたこともありますし、子どもの障害にかかわるようなこともあります。私は3歳児健診のときに、子どもの発達や障害を診る仕事もしていますが、「言葉の遅れがあって心配だな」とか「ちょっと訓練を受けた方がいいな」と思うようなお子さんは案外いるのです。しかし、働いているお母さんは「今やってあげられるといいのにな」という時期に動きがとれないということが少なくありません。背景には、昼間時間がとれないので、自分の子どもと同じくらいの子どもを見る機会が少ないため、心配かどうか実感が持てな

いということがあると思います。

また、その気がないということの言い訳に「仕事があって……」といっているのかもしれないと思うこともあります。子どものトラブルと向き合うことを婉曲《えんきょく》に断るときに「仕事だから」という人もいるのです。

仕事をしているお母さんは、子ども以外に生きがいを持っていることが多いので、あまり鬱々《うつうつ》としている人はいないように思います。そこには「ひとりで子育てしていない」と腹がくくれている、開き直っているところがあるからだと思います。「世間にお世話になりながらやっている」という意識がどこかであるのはいいところだと思いますが、行きすぎると無責任になります。

「子育てから仕事に逃げていて、子どもと向き合えないお母さんがすごく多い」という話は保育士さんからよく聞きます。家ではいい子かもしれないけど、保育園ではすごく荒れる子どもが多い。お父さんもお母さんもいっぱいいっぱいで仕事をしていると、子どもは家では悪い子になれなくなってしまうのです。大変な人がひとりいると、周りはわがままはいえなくなるという「わがまま封じの心理学」というのがあります。親が「ああ忙しい忙しい」といっていると、子どももそれに気がついて静かになってしまうというもので、共働きの家庭ではお母さんが気負ってがんばっている場合が多いですから、結果としてわがまま封じの状態になってしまうわけです。

子どもは保育園で一生懸命にがんばっています。集団というのは子どもにとっては成長の糧ともなるいいところですが、プレッシャーもあります。だから、家で労《いたわ》ってもらったり、ほっとさせてもらったりできないと、園で荒れてしまうのです。

専業主婦のアイデンティティ

専業主婦の悩みでよくあるのはアイデンティティの問題です。普段「何々くんのお母さん」としかいわれないから「私は何者なんだ」と考え込んでしまう。子育て自体は生産的な仕事ですけれど、経済的に生産力がないのでちょっと卑屈になったり、自己否定感が強くなってしまう。その裏返しで子どもの教育にがんばったり、高価な洋服を買って着せたりしてしまうわけです。

フルタイムで勤めていたときには、仕事ができてボーナスももらえた女性ですが、一度会社を辞めると四大卒なんて何にもなりません。「自分の肩書きはなんだったんだろう、虫けらみたい」なんてことをいう人もいます。そこで、手作りのパンを焼いたり、かわいくパッチワークしたお洋服をつくったり、お友達がうちに来て「まあ素敵」とかいうガーデニングに走ってみたりする。そういうところでアイデンティティを生み出すことが大切になってくるわけです。自分の能力を発揮する場がなく、自分の存在価値が見い出せないのは苦しいだろうなと思います。

自分が報われなくて肯定的になれないときには、夫に対しても恨みがましさが出てきます。しかし、〝働いて養って〟くれている旦那さんには相談できない。だから余計に苦しくなってしまうのです。

また、女性が高学歴化し、仕事の経験がある人がたくさんいることもあって、子どもの出来不出来――しつけや数が数えられるとかいったことを含めて――がお母さんにとっての勤務評定になっているケースもたくさんあります。ミルクの飲みがよくて体重が増えれば自分がよくやっている。逆に体重が増えないとコンプレックスを持つ。あるいは、スーパーマーケットで子どもがふざけていたら自分がはずかしい。自分が「だめ母」と思われるという感じです。つまり子育てが勤務評定になっていて、子どもの出来が競争になっているわけです。そんな苦しさを持っている母親も結構います。

熟年離婚をしないために

父親も母親の補助やおまけではなくて、父親のスタンスで子育てに参加できるのがいいと思います。自分の人生の中に「子育て」という引き出しもちゃんとつくって、平日は無理としても休日だけでも、楽しんで子どもと散歩するような姿勢が大切です、このごろどうなっているかと子どもの様子を妻に尋ね、まず気にかけていくこと。孤軍奮闘している妻に、「それは大変だったね」と一言いうのもいいと思います。参加しなければならないイベントに行けなかったとしても、「行ってあげられなくてごめんな……」と言うと、奥さんもきっとご機嫌がいいと思います。

夜泣きをしても、起きてくれないお父さんが多いのですが、「夜泣きだったんだなあ。少し声がしたよ。すまないな」って、それでいい。ご飯を食べて「おいしい。おいしい」「子どものことも任せてられて安心だ」「疲れるだろう。たまには買い物に行ってこいよ」ぐらいでいいんです。ねぎらいが欠けていることですれ違っている夫婦は存外多いものです。

企業戦士の旦那さんもいるでしょうが、園ではこんなことがトピックで、運動会でこうなんだよね……そんなことを共有しながらやっていく。それにはお父さんがなにかしらに参加してみないことには興味がわきません。「自転車が乗れるようになったのよ」といわれても感動がないけど、土日に1回でも2回でも、自転車を押して一緒に走っていたりすれば、「まだまだだ」と思っていたのに子どもから翌週「乗れた」と聞いた時に「そうか、すごいな」「お前がんばったな」といえるわけです。そのリアリティーが大切なんです。

そうしたことを積み重ねながら、夫婦で「一緒に子どもを育てあげた」という思いがもてるといいと思います。

20歳まで育てあげたときに「よく育てたわね」といい合えないとしたら、そこにはずいぶん溝ができています。「私がやったのよ。あなたはその間、なにしてた？ 宴会に行ってたじゃない」という気持ちになったら、お互いに苦しいはずです。

熟年離婚が増えているのは、そんなすれ違いの積み重ねが原因なのかもしれません。老後という土日をゆっくりふたりで過ごせるには、月火水木金を一緒に積み上げてこそだと思います。

（出典：「子どもたちの幸せな未来 新1共働きの子育て、父親の子育て」）

第4章

元気な体を育てる家庭教育

免疫力を高めて子どもの心と体を守る

西原克成（医学博士・西原研究所所長）

つわりの大切な意味

お腹の赤ちゃんは30億年の生命進化をたどって成長することをご存知ですか？　妊娠、出産のプロセスはそのことを私たちに教えてくれます。十月十日《とつきとおか》で赤ちゃんが産まれるまでに、もうひとつの人類のドラマがあるのです。

受精した卵細胞が分裂し、最初は魚の稚魚《ちぎょ》の形のようになり、やがて両生類型に、そして爬虫類《はちゅう》、哺乳類型へと順々に進化してゆく。そして誕生のころに人間らしくなるというわけです。これを世界で初めて発見したのは、ドイツの学者ヘッケル（1834〜1919）という人でした。これを「個体発生は系統発生を繰り返す」といっています。このように私たちはいきなり人間に生まれてくるのではない、という点をまず覚えておいてください。

妊娠1か月頃からの「つわり」も母体の中で胎児が行っている人類の進化のドラマと関係があります。十月十日、280日のドラマの中でも大きな山場は妊娠32〜38日目、古代の魚類が陸上に上がったあたりに胎児はいます。

水中と陸上は天と地の差です。呼吸が魚のエラ呼吸から肺呼吸に変わったこと、同時に骨格も変わり、頑丈になりました。水中の6倍という陸上の重力に耐えるためです。

妊娠1〜2か月目が最も大切な時期といわれるのも、水中から陸上へと胎児が進化をなしとげようとしている時期だからです。つわりもこのときです。呼吸、骨格から、外敵を守る免疫システム、血を造る造血システム、さらには神経系までも胎児は丸ごと体を作り替えています。当然、母体は影響を受けます。赤ちゃんも懸命に頑張っているのです。赤ちゃんのために「つわり」を乗り越えましょう。つわりは母体の腸の酸素不足で起こります。このような生命の話は、市販の育児書にはどこにも書いていません。

「人間は万物の霊長」ではなく、「人間も哺乳動物」なのです。私は謙虚な気持ちでそう思います。

赤ちゃんは2歳半頃まで人間ではない

さて、胎児が人間になるのはいつでしょうか？　実は赤ちゃんが人間になるのは誕生した瞬間ではなく、ずっと後になってからのことです。人間がサルと違うのは、二足歩行と言葉です。したがって、赤ちゃんはまだ半人前、人間以前の存在といえるのです。

人間が言葉を発するのは、息を口から吐き出すことができるからです。でも赤ちゃんにはそれができません。赤ちゃんは口からおっぱいを吸いながら、同時に息をしているのです。赤ちゃんは気管と食道が独立していて、飲み物が食道を通っていても、鼻から息をすることができます。大人にはこれができません。サルやイヌも食べながら鼻で息ができます。

本来、人間も含めて哺乳類にとって、口は食べるため、鼻は息をするためのものです。ですから赤ちゃんこそが哺乳動物本来の姿で、人間は欠陥構造です。でも、だから言葉が話せるようになったのです。

したがって、赤ちゃんが人間らしくなるのは、2歳半頃となります。歩くこともしゃべることも自由にできる年齢ということです。1歳前後にノドでは口と気管がつながり、やがて大人と同じようになるのは6歳ごろからです。また、本当の意味で人間になるのは、医学的には24歳のころといわれます。

ですから赤ちゃんは、まわりの大人がかまってあげないと生命を維持できなくなります。イヌやウマは生まれてくる段階で、ほぼ進化が完成した形ですが、人間の赤ちゃんは、生後2歳半でようやく進化のプロセスを終了します。

このような知識が理解できれば、赤ちゃんを心からいつくしみ、子育てのあり方も、やり方も、根本的に見直す必要があるように思えませんか。第一に、赤ちゃんは大人とは別の種類の存在だと思うほうがいいのです。第二に、赤ちゃんはか弱い存在であり、大人の都合で無理をさせてはいけません。

ところが、ご承知のように、日本の子育てはこの方向と正反対です。象徴ともいえるのが離乳食を巡る問題です。赤ちゃんは2歳半頃までは人間ではないとしたら、1歳にもならない段階で離乳食を与える日本の子育ての常識は正しいでしょうか。自然の摂理、生命の原理を無視しているとしか思えません。まだまだお母さんのお乳で育つべきなのです。

実は、この誤った離乳食が、アトピーの最大の原因です。今の日本では、軽度も含め、約3人にひとりの割合で子どもがアトピーになっていると言われています。正確にいえば食品アレルギー、タンパク質が引き金です。

子育てのテンポはあくまで自然のリズムに、生命進化の時計に合わせ、のんびり子どもとつき合ってゆくことが、子どもの最善の成長を生み出します。私は、まず「魂《たましい》のうつわ」である、体をきちんと育てることが何よりも大切だと思っています。そのためにも、子どもの魂を育てるにも、子どもの進化のプロセスに沿った、無理をしない子育てが重要です。その魂の成長にとってもっとも大切なこと、逆にとらえれば、お母さんがもしかして誤った、危ない子育てをしているかもしれない6つの大切なポイントを次にお話しします。

危ない子育て6つの注意点

①5か月離乳食では赤ちゃんを免疫病（離乳食病）にします。離乳食は、2歳半から3歳以後に純白米のミルク粥《かゆ》を30回咀嚼《そしゃく》。

2歳半までに生えそろう乳歯は、お乳を吸うための歯で、まだ噛むことはできません。いやがる子どもに5か月からスプーンで固形物を与えると、噛み方を知らないので口呼吸と丸飲みを覚えます。口呼吸については後述しますが、哺乳動物の赤ちゃんは、それぞれの動物種によって授乳期間が決まっています。人の授乳期間は人によって多少違いますが、もっとも早くて2歳半、もっとも遅くて5歳までです。特にこの時期に特に与えてはいけないのは、玄米、小麦、雑穀、パン、うどん、パスタなどの植物性タンパク質で、なるべく5歳まで与えてはいけません。2歳半までは母乳ないし乳児用ミルクだけにしましょう。

②おしゃぶりを4～5歳まで使うと、鼻呼吸とともに咀嚼ができる顎《あご》が育ちます。欧米では歯並びとともに、身体にも美容にもよいものとし、幼稚園入園ぐらいの子にも与えています。また、子ども大人を問わず、ぜん息にも有効です。また、赤ちゃんをハンサム、美人に育てるためにも大切な育児道具です。

③温かく育てる（体温は摂氏37・5度）。冬眠をする哺乳動物しか持っていない特殊な脂肪（ブラウンファット）が人間の赤ちゃんにもあって、せっせと熱を作って細胞分裂を助け、副交感神経の指令で体温が常に37度を保つようになっています。

赤ちゃんは暑い時は汗をかきますが、寒くなるとすぐに手足が冷たくなり、低体温（37度以下）になってしまいます。そうすると腸が駄目になり、緑便になるのです。そしてお腹が苦しいので、うつ伏せ寝になってしまいます。

④はいはいを充分にさせる。また、ベビーカーを使って早く歩かせない。

ベビーカーは、子どもの未完成の骨と関節を保護するために必要です。関節は、白血球の製造場所でもありますから、ダメージを与えると、免疫病の危険が増してしまいます。

⑤緑便は絶対にだめ、黄金色になるように。母乳で赤ちゃんの腸はビフィズス菌になりますが、2歳半以前に離乳食を与えると、腸が未完成で、口から入るものをすべて吸収できる赤ちゃんの腸は大人と同じ大腸菌だらけになります。この菌が腸から吸収されてアトピーの原因にもなります。

⑥仰向《あおむ》き寝にする。でたらめな寝相が顔と姿勢をつぶしてしまいます。

以上のような誤った子育てで、日本の子どもたちは完璧に口呼吸になっています。この口呼吸こそが、実は免疫病のもとなのです。

免疫病、生活習慣病は治せるのか？

さてその免疫病とは一体、どんな病気をいうのでしょうか。それは例えば次のようなものを指します。

アトピー、糖尿病（患者は予備軍含め、日本で約1400万人）、白血病、花粉症、ぜん息などですが、これらは生活習慣病でもあるのです。免疫病は現代の医療ではなかなか完治しません。残念ながら、現代の医療システムは、患者のための医療とはいえません。患者さんは病状の緩和もさることながら、原因を取り除き、病気を治して欲しいのです。

また当然ですが、患者あっての医師ですから、患者は主役として意見を率直に出すべきですし、同時に自分でも生活習慣を変える努力が大切です。

では、免疫病は治せるのでしょうか。答えは、本気で治せるのは、本人であり、子どもの場合は親だけなのです。ではどうやって？

「西原流免疫病治療医学」について少しご説明します。これは人間の基礎的な健康を取り戻す術、とお考えください。手遅れにならない限り、120パーセント実施すれば治せますが、いい加減にしたら治せません。まず家庭で、お子さんに対して私の方法で実行し、基本的な健康を取り戻すという考え方です。

私の専門は口腔科医です。口は栄養分消化の第一関門、身体を病原菌から守る、最も大切な器官です。人間の体は口から始まって腸に到る食物消化、つまり栄養摂取の仕組みと赤血球、白血球を作り出す仕組み、この二つから成立しています。

この二つが順調に働けば、リモデリング（新陳代謝）が順調となり、免疫病への抵抗力が高まります。いわゆる人の自然治癒力が高まることです。

生命活動とは、新陳代謝そのものであり、寿命とは新陳代謝を繰り返す年月の長さです。また、病気とは、新陳代謝のシステムが何らかの理由で狂っている状況と考えてください。

私が育児問題に関心を持ったのは、最初にお話しした、生命進化の研究からでした。哺乳類で生まれた赤ちゃんが、成長と共に人間構造へと変わる、そこに興味を持ったのです。が、日本の育児の常識があまりに誤りが多くショックを受け、しかも文明国では日本だけという事に驚きました。その結果たどりついたのが、なんと戦前の日本の育児法に近いものであり、教育、子育て、医学など、アメリカから無批判に吸収された誤りに気づいたのです。

日本だけが、40年ほど世界から遅れています。変化を恐れ、一度できあがったらそのシステムを頑《かたく》なに守る、これが日本の風土、文化です。それは医師の世界にもあり、そのとばっちりで今、子どもたちが苦しんでいる、といえないでしょうか。

子育ても教育もです。

では、以下の重要テーマを知っていただき、西原流の免疫病治療医学をご説明します。

①1歳未満の離乳食、②呼吸の仕方、③食べ物の噛み方、ハイハイ、なめ回し、④睡眠と寝相、骨休め、⑤冷たいもの中毒と腸、です。

そして、これらは子どものための生活習慣の改善であり、健康のための「しつけ」ともいえます。

口の呼吸は免疫病のもと

日本でも昔から、禅や武道などで呼吸や姿勢を重視してきましたが、「呼吸の仕方」と「腸の問題」は二大ポイントといえます。発生学的に見ても、腸と肺は進化の過程で兄弟だったこともおもしろい事実です。

ところで、呼吸器とは何でしょうか。鼻孔《びこう》（鼻の穴）、鼻腔《びくう》（鼻の内腔）、前鼻腔、鼻咽《びいん》喉《こう》、耳と内耳、喉頭《こうとう》、気管、肺などですが、口は呼吸器に含まれません。でも口で呼吸をしている人は実に多いのです。

口呼吸は幼いときのクセでなります。満1歳前後に、片言でしゃべり始めると、口呼吸がクセになり始めます。その口呼吸の習慣を正すのが、おしゃぶりです。また、水泳をはじめ、激しいスポーツをする人も、口呼吸になりやすいので健康上は注意が必要です。

口呼吸のよくない点は、体の免疫力を弱める点にあります。口を通して有害物質が体に直接入ってくる、という理由です。特に有害物質の中心は、ジェット機やディーゼルトラックの排気ガスです。口には空気の浄化装置も加湿器もありません。物を食べる器官が口ですから仕方ないのですが、のどには扁桃腺《へんとうせん》があり、体に侵入する菌やウィルスと闘う白血球を作り出す重要な器官として知られています。

口呼吸の害とは、この扁桃腺を健康に保つことができなくなることを意味しています。つまり、扁桃腺は乾くことが嫌いです。雑菌を住みやすくさせるからですが、鼻で呼吸をすれば、鼻も口内も乾燥せずにすみ、扁桃腺が守られるのです。

ブドウ球菌や連鎖球菌、桿《かん》菌など、いわゆる常在菌は誰ののどにも、鼻にも口にも住みついています。が、常在菌は扁桃腺さえ健康ならあまり気にする必要のない菌ともいえます。

鼻で呼吸する人の口の中はしめっていますから、問題があまり発生しませんが、口を開けて呼吸する人は、こうしたバイ菌を口と鼻の奥で好んで飼ってしまうことになります。

常在菌が住みついた白血球は、菌を体中にバラまき、菌が好んで皮下組織と関節に住みつきます。それがアトピーであり、リューマチになるのです。また、カゼを引くと、のどや鼻が痛んだり、体の節々も痛くなりますが、これはバイ菌を抱えた白血球のせいなのです。バイ菌を消化し切れなくなった白血球は、バイ菌をあちこちに捨てますが、それは、皮下組織に捨てればじんましん、常在菌が血管に住みつけば動脈炎などになります。まさに口呼吸とカゼは万病の元といえます。

鼻について考えてみましょう。鼻の機能は嗅覚ですが、嗅覚神経は脳と直結しています。

鼻に空気を通さないと、脳の働きはすぐ鈍ります。

さて、意外に知られていない鼻の機能、それは、吸った空気をきれいにする機能と、その吸った空気に、一定の温度と湿度を加える機能です。アレルギーの原因であるホコリやダニの殻《から》などもこのフィルターでチェックされることになるのです。

きれいにされた空気は、肺が酸素を取り込むのにベストな温度である37度と、湿度100パーセントが加えられ、肺に運ばれます。鼻は肺の強力なサポーターです。

また、鼻水はバイ菌、ホコリ、ダニの殻を捕らえて流してくれます。鼻水とつばには分泌型の免疫タンパク質が流れていて、体を守っています。口呼吸では、鼻水も涙もつばも枯れてしまいます。そこからアトピーやぜん息、眼の病気へと被害が広がります。

口呼吸の矯正するには

次に、口呼吸の矯正《きょうせい》をどうするかについて、簡単にお話しします。

まず、口呼吸をしている人（子どもも大人も）の発見法です。①唇の厚さが上下で著しい。②受け口。③前歯が飛び出ている。④唇がカサカサ乾いている。⑤朝起きるとのどがヒリヒリ。⑥食べる時、くちゃくちゃ音を立てる。これらは口呼吸のクセですので、ご注意ください。

矯正のためには、まず鼻の健康が一番。起きている間は意識して口を閉じていること。鼻腔を広げるブリーズ・ライトというバネつきの鼻絆創膏《ばんそうこう》もあります。私はノーズリフトを開発しました。鼻孔を拡大し、鼻を高くする作用のあるものです。つけると鼻呼吸が楽になります。でも、大人は長年の習慣ですので、身につくまで少々根気が必要です。

眠るときには肌にやさしい紙テープを使います。腹式呼吸も有力な方法ですが、これは横隔膜《おうかくまく》で息を吸うやり方です。

では、幼児の口呼吸はどうすればよいでしょうか。それが「おしゃぶり」です。おしゃぶりをくわえると、赤ちゃんはさかんに舌を動かします。効果としては、アゴの筋肉が発達し、咀嚼力《そしゃくりょく》がつき、横隔膜が刺激され、鼻呼吸が促進されます。その上、将来生える永久歯の歯並びがよくなり、ものを飲み込む筋肉の使い方も覚えます。また、脳の発達と表情の美しさや言葉を習得するのにも有効です。

おしゃぶりは、哺《ほ》乳動物の誇りを持って、欧米人の親のように、4歳ぐらいになるまで使うとよいと思います。鼻呼吸は、知性、感性、容貌をも育てます。

よく噛む習慣が子どもの免疫力を高める

次に、免疫系を育てる生活習慣について3つの要点を述べたいと思います。

子どもの免疫系の病気に影響のある問題については、まず注意したいのが、悪い噛《か》み方、片噛みです。片アゴしか使わないで食べ物を咀嚼《そしゃく》すると、例え30回噛んでも能率は両方で噛むことの半分になります（30回は、子どもたちにひと口食べるときに噛んで欲しい回数です）。不都合はこれ以外に、噛む側と噛まない側の歯ぐきの健康にも影響が出ます。回数や刺激が足りないと、歯と歯肉が不潔になり歯ぐきの血行が悪くなり、歯肉に炎症が起きて歯周病になりやすくなるのです。

さらに筋肉の不均衡という問題も出てきます。これは最大の問題で、使う方の頬《ほほ》は引き締まり、もう一方はたるみます。したがって、顔の美しさが損なわれ、その上、上半身の筋肉の不均衡が生じ、首と背骨が曲がり、骨盤さえ傾むいてしまいます。全身のバランス上の問題を発生させてしまうのです。こうなると、仰向《あおむ》け寝がしずらく、利《き》きアゴを下にした伏せ寝や横向き寝の問題へと進行します（後で詳しく説明します）。

ですから、子どもの虫歯、歯痛、歯並びを整えること以外に、噛み方のチェックもぜひご注意ください。

例えば毎日、同じ場に座ってテレビを見ながらの食事、これもテレビ側のアゴが利きアゴになる恐れがありますし、大人でしたら、偏《かたよ》った姿勢のデスクワークや、荷物を持つ手やショルダーバッグの片側使いが問題です。

治し方をご説明します。まず、毎回の食事のときに、両側の歯で嚙むこと。うまくいかない場合は、使いづらい側で、キシリトールのガムを嚙む。次に正しい姿勢で嚙むのも重要です。鼻呼吸の促進のためにも、口唇《こうしん》を閉じ、両奥歯でゆっくり嚙むしつけは、子どもたちの将来に大きなプラスになります。

さて、ではよく嚙むことがなぜ大切なのでしょうか。「よく」とは、ひと口で約30回を目安にしてください。これ以上嚙めばさらに好ましいのです。よく嚙む大切さは5つです。

①熱さ、冷たさの胃への温度調整作用。36度に近づけることが胃へのいたわりです。

②口でよく嚙んで消化しやすい状態にして胃に食べ物を送らないと、人の胃の咀嚼力《そしゃくりょく》に限界があります。

③頭蓋骨への刺激。骨のカルシウムは血液中に出て体のカルシウム濃度を調整していますが、刺激を多く受けた場所に戻ってきます。その原理と同じで、嚙むことで物理的刺激を与えると頭蓋骨が健康になります。

④脳への刺激も大切です。噛む神経と脳は発生学的に兄弟分ですので、脳が刺激を受け、血流がよくなるのです。

⑤だ液の効果もあります。噛むとだ液の分泌は活発になります。歯を守る、口の中を洗う、味を伝える、食べ物を消化する、細菌の消毒もする。またガンを防ぐ効用も、だ液にはあります。だ液の分泌は副交感神経の働きを活性化しますから、リラックスさせられます。また、ダイエットや心臓のためにも有効です。

ハイハイで免疫系が育つ

さて、赤ちゃんについて少し追加しておきたい育児の知恵があります。それは、赤ちゃんを充分、元気に発育させるには、ごく初期からの運動が大切である、ということです。手足をバタバタさせる→うつぶせの腹ばい→ハイハイ→つかまり立ち→よちよち歩き、といった体の動かし方をすると、それに相当して脳も育ちます。つい大人は、早くハイハイを、早くつかまり立ちを、早く歩かないかと、あせりがちになりますが、これは要注意です。

赤ちゃんは腹ばいで重力と出合います。いわゆる7～10か月あたりの両手足を支える

「高ばい」と、うつぶせの腹ばいがありますが、この腹ばい、ずりばいは特に大切です。首を持ち上げ、手足を動かすと重力に出合うわけです。これは免疫系を育てます。

もうひとつ、重要な発育促進は、「なめ回し」です。これも免疫系を育てるのです。離乳食や口呼吸でも出ましたが、私たちの扁桃腺は免疫の門番の役割をしています。赤ちゃんがハイハイをしたりすると、床からどうしても雑菌が入ります。オモチャをなめたりしても口から入ります。

これによって扁桃腺は入ってきた菌を消化するための抗体を作りますから、自分が経験した雑菌を抗原として記憶してくれるのです。ですから、次に同じ雑菌が侵入しても、すぐ消化する抗体が作られ、病気にかかりにくくしているのです。赤ちゃん時代のなめ回しは、免疫系の発達のための大切な赤ちゃんの仕事といえます。

もちろん、赤ちゃんがハイハイをして回る畳やじゅうたん、床には、赤ちゃんの口に入ると好ましくないものや、危険なものは常に取り除く配慮を欠かしてはなりません。

正しい寝相、悪い寝相が体をゆがめる

次に、子どもたち（大人もです）にとって非常に重要なポイントをいくつかお話ししま

す。それは「悪い寝相」の問題です。まず第一に、うつ伏せ寝はやめましょう。横向き寝や下向き（うつ伏せ）寝は、まず歯並びを悪くし、頭の重みが歯や顎《あご》にかかってしまいます。仰向けで上を向いて寝れば何でもないのですが、横や下だと大人で約5キロある頭が、重石《おもし》になり歯を圧迫します。

枕の硬さも問題で、硬い枕は要注意です。中高年の多くは、寝相で歯が動いてしまいがちで、そのために歯周病が治りにくく、また、歯が動くと、寝るだけで出っ歯になり、顔の型をゆがめてしまいます。

先ほども片噛みの所で出てきましたが、ゆがんだ顔、肩や体の筋肉のゆがみ、背骨の曲がりといった、体全体の問題へと変化しますので、子どもたちの正しい寝相は健康のための重要なしつけです。

もちろん、横向き寝は口呼吸になりますので、病気にかかりやすくなる注意点です。寝相、片噛み、口呼吸。この3つの悪いクセは大きな問題なのです。

正しい寝相を考えてみましょう。まず、ベッドは硬いベッドを。畳には冷えないようにして薄い布団を使ってください。枕は低く、ダウンの羽毛、または枕なしで。これは口呼吸を避《さ》けるために有効です。寝方は、肩の力を抜いて、足を15センチほど広げ、いわゆる「小」の字になって寝てください。また横向き寝を続けると肩幅の狭い子に育ちます。

私たち日本人のライフスタイルは、24時間型となり、年々睡眠時間が減っています。これはとんでもない生活習慣の悪化なのです。命を削って死に急ぐライフスタイルです。

睡眠はふつう大人で8時間必要といわれます。小さな子どもたちでしたら12時間以上。理由は3つです。

①まず脳の休息。②重力からの解放としての骨休め。さらに重要なのが③リモデリング（新陳代謝）時間です。

哺乳類は一人前になる期間の約5倍の寿命があるという説があります。それに従えば、ヒトは何と120歳が寿命となります。人間は24年間で大人になりますから、その5倍が120年。でもこれは不可能です。理由は、ヒトの直立二足歩行のための引力（重力）の影響なのです。

ですから、なるべく体を丈夫にするには、口呼吸を鼻呼吸にし、片嚙みをやめて両嚙みにし、8時間（大人）仰向けに寝る骨休めと、次章でお話しする冷えをさけることが基本です。

その上で、①横隔膜での呼吸。②腹八分目、バランスのよい食事（30回嚙み）。③口と肛門はキリリとしめる。④腸を冷やさないこと。⑤くよくよしないで朗らかに（ストレスを少なく）。⑥副交感神経による、太極拳のような、ゆるやかな運動などが必要です。

さて、大人の8時間睡眠の必要性に戻ります。まず、骨髄についてです。血液を作るメイン工場はもちろん骨髄です。そして人間の骨髄は、横臥《おうが》して重力作用がなくなったときに血液を作ります。海から陸上に上がって、重力は海中に比べ6倍になりました。その上二足歩行ですから、動物の四足歩行の2倍の重力がかかり、合計12倍となるのです。したがって、血圧を高くしないと脳に血が巡りません。立てば血圧を上げ、骨髄も立っているだけでエネルギーが消費されます。リモデリングどころではなくなるのです。人の立位による活動状態は交換神経が優位となり、造血能力はガクンと落ちます。

また体のリモデリングのためには、人間が起きているときの130前後の血圧ですと、細胞の再生には高すぎるため、再生に適する90~100ぐらいの血圧に下げる必要があるのです。

それは副交感神経優位の、眠っているときなのです。少なくとも8時間、睡眠が必要な理由がこれです。もちろん、子どもには10~12時間以上の十分な睡眠が必要です。寝る子は本当に育つのです。

人の成人の細胞は、全身で約60兆個。これが60日間で作り替えられます。何度も出ましたが、リモデリングです。1日1兆個ですから、60キロの体重の人は1日1キロの肉を作り替えるのです。そして、リモデリングが順調に機能しない状態が病気です。また人の血管の弱点は、脳と心臓を養う栄養血管にあるため、たいてい無理がたたると脳か心臓がやられることになるのです。

リモデリングの源泉は、腸管の消化力ですので、噛《か》まないで食べたり、腸が冷えると造血機能が衰えます。すると白血球が弱り、古い細胞の新陳代謝がすすみません。免疫系の病気の始まりになります。

細胞の入れ替えは、このように非常に重要な仕事ですが、腸を冷やす、扁桃腺を乾かす、骨休めの不足、口呼吸などで白血球や赤血球の製造が問題となります。「がん細胞」は、1日に約3000個できますが、健康体ですと白血球が一晩で掃除してくれます。

寝ることがいかに大切か、まして子どもたちには十分な睡眠時間と、早寝に心を配ってください。

冷たいものは病気の元

下痢や便秘など、お腹の具合が悪いときだけ私たちは腸を意識するようです。でも、生命活動にとって腸は主役といっても過言ではありません。腸を見直すお話しをします。

リモデリング（新陳代謝）の材料となる栄養素を消化吸収する作業、それが腸の役割です。子どもが育つのも、女性の肌が美しいのも、腸が順調に働いてリモデリングを支えてくれるからに他なりません。古い部品は捨てられます。それが、皮膚の垢《あか》であり、頭のフケなのです。ですから、健康美人は腸美人です。

腸とは、十二指腸、小腸、回腸、空腸、大腸、盲腸、直腸のことで、主力は小腸と大腸です。その手前が胃になります。基本的にはこれら消化システム全部を大事にしましょう。腸は大変デリケートな臓器で、腸のコンディションは気持ちに影響を受けます。ですから、心の源は腸にあると考えられます。したがって、腸の働きをスムーズにすることは、心身ともに健康の原点ともいえるのです。

さてその大切な腸の、さらに重要な注意点は腸を冷やさないことです。最近の幼児が弱くなっているのは、クーラーや部屋で遊ぶことが多くなるなど、社会環境の変化に影響を受けているためだと思われます。例えば昔は、小さな子どもは「金太郎」の腹がけをしていました。腸を温める知恵としてです。子どもたちは特に、飲み物で腸を冷やすことが万病の元ですから、赤ちゃんにも、妊婦にも冷たいものは禁物です。冷たいものは人間の毒、と覚えておいて欲しいのです。

夏は特に注意が必要です。冷たい飲み物、クーラーなどで汗の出方が減ります。実は腎臓は夏は夏休み期間なのです。老廃物の排出を汗腺にまかせ、休養をしているのです。しかし体を冷やすと汗が出ず、腎臓は無理矢理働かされます。これが夏バテになるのです。子どもの健康のためにも夏は汗をかかせましょう。

妊娠中の冷えは子どもをアトピーに

腸は37度以上の温かさがないと、働きがにぶります。免疫力の根本が腸からの栄養吸収ですから、冷たいものを摂取すると、腸の働きが落ち、免疫力が低下するのは当然です。また、胃腸を冷やすと、皮膚、肺、膀胱《ぼうこう》も悪影響を受け、特に妊娠中に母体の胃腸を冷やしすぎると、産まれた子はアトピーになりやすくなります。また人は、冷たいものを摂《と》り続けると、慢性関節リウマチや、自己免疫疾患の膠原病《こうげんびょう》になることもあります。

冷たいものをガブ飲みすれば、腸の温度低下は避《さ》けられず、命すら縮めるのです。

日本で有名になったスポック博士の育児書に、1歳になったら36度より冷たいミルクを与えてもよいと書いてあります。これで日本の子どもたちを冷たいもの中毒にしてしまったと、私は確信しています。乳幼児では、常温も冷たすぎます。37〜38度が適温です。3歳以上の幼児には、まず温めて与えてください。発熱で39度、40度の病気のときも、冷たい飲み物で体の中から冷やしてはいけません。外から冷やします。でも、お母さんの愛情で、絶対に避ける工夫と努力をお願いします。離乳食が早くても、ミルクの温度が低くても、手や足が冷たくても、赤ちゃんは緑便になり、低体温になります。低体温の赤ちゃんは一生涯影響します。三つ子の腸は一生涯たたります。

好ましいのはお風呂です。理由は重力の解放（骨を休める）と保温です。人間の赤ちゃんは特に、非常に未熟な状態で生まれます。特に腸は未完成で、母乳を飲むことで生き、成長します。また、将来お母さんになる人は、十分に睡眠をとり、横隔膜による深い鼻呼吸を心がけ、冷たいものを避けて、温かいものを両側の歯でよく噛んで食べましょう。体を冷やすことは禁物です。

繰り返しになりますが、1980年、厚生省（当時）が離乳食の開始期を繰り上げて2年後から、日本の幼児のアトピーが急増しました。赤ちゃんは腸が完成するまでは未熟な人間です。哺乳動物学の育児から見て、「2歳半までは母乳」で間違いありません。また赤ちゃんの腸はタンパク質を消化できずに腸内細菌までも吸収する特徴がありますから、アトピーを避けるため、十分に注意を払ってください。

最後に年齢別の注意点を書き出しました。復習として、お子さんのための家庭での「健康しつけ」のお役に立てていただければと思います。

意識したり、いわれなくても自然にできること、それが「しつけ教育」だろうと思います。「体の正しい使い方」と「体の正しい動かし方」がそれです。親がきちんと食事のマナーをはじめ、正しいしつけを行えば、子どもたちがやがて大きくなって、健康的で豊かな人生を楽しむことができるのです。親自らが率先し、食事のときはテレビを消して、お互いに向き合って家族団欒のひとときにしてください。子どもは大人を見て育ちます。マナーも、しつけも、大人の生き方の表れです。自信を持って、育児、子育てに力を尽くしていただきたいと願っています。

家庭でできる年齢別「健康しつけ」

〈妊娠中〉

生まれてくる赤ちゃんがアトピー体質にならないため、お母さん自身もアレルギーにならない生活を心がけてください。注意点は、①どか食いをしないでよく噛んで食べる。食生活が高タンパク、高カロリーにならないようにする。冷たい飲み物やアイスでお腹を冷やさないことも大切です。腸を冷やすとお母さんの血中に腸内細菌が大量に吸収されます。その細菌は、胎盤を通じて、赤ちゃんの体に入ってしまいます。②睡眠不足に要注意。夜も早めに寝て、最低でも8時間毎日寝てください。母体の負担だけでなく、赤ちゃんにも悪い影響を与えかねません。妊娠初期（受胎後30日）の無理で、胎児の内臓奇形が発症します。

〈誕生後1歳まで〉

①できる限り母乳育児を心がけてください。母乳には、2歳過ぎまでの赤ちゃんが求める栄養分が完璧に含まれているばかりでなく、赤ちゃんの体を病原体から守るための免疫物質が含まれています。母乳で量が足りない場合は、人工ミルクを補助として用いるのはかまいません。このとき、人工のミルクを哺乳瓶《びん》から与える場合、赤ちゃんの舌や口を使わないとミルクが出てこない、本当の乳首に近いものにしてください。ミルクを飲むとき、あごや顔の筋肉が発達するからです。

②寝かせるときは仰向け寝に。少し固めの布団やマットレスで。枕は赤ちゃん用のドーナツ枕がよいでしょう。0～1歳まではおしゃぶりの吸啜《きゅうてつ》（吸い、すする）運動で脳神経が発達する時期ですから、おしゃぶりをきちんとしなければ、話せなくなる子ができます。

③赤ちゃんにハイハイを充分にさせるようにしましょう。また赤ちゃんは口で世界を覚えます。なめ回しは知性、感性を刺激してくれます。免疫力も高まります。

④1歳すぎまでの赤ちゃんは、母乳以外のタンパク質を消化する能力がありません。離乳

食は赤ちゃんの栄養になりません。無理をすると後に、アトピー発症につながります。

⑤生後すぐに母乳とともに、口呼吸にならないようにおしゃぶりを使いましょう。おしゃぶりは3～5歳まで使うことが好ましいのです。もちろん説明書をよく読んで、正しくお使いください。

〈1歳～2歳半まで〉

①できれば、2歳すぎまで離乳食を与えないようにしてください。離乳食を急ぐことはありません。私は2歳半まで赤ちゃんに母乳を与えていいと考えています。

②1歳をすぎると、言葉を話すようになりますが、その分、口呼吸を覚える危険性も増してきます。そこでそれを防ぐのが、おしゃぶりの活用です。鼻呼吸のトレーニングだけでなく、あごや表情筋を鍛えることにもつながります。ぜひおすすめします。3～5歳まで続けないと効果がありません。

③言葉と同時に赤ちゃんは二足歩行を始めます。言語能力と歩行は「人間の証明」ともいえます。でも無理は禁物。疲れたようすが見えたら、ベビーカーやおんぶひもを使ってください。

〈幼児期・3歳頃から小学校入学まで〉

①この時期に身につけたいのが、食事のマナーです。食事中はきちんと口を閉じて、左右両方でしっかり、ひと口30回嚙むことを、親がまず実践してみせ、子どもによい生活習慣、健康しつけをしてください。

②3歳すぎの子どもは、食べ物に興味を持ちますので、冷たいジュースやアイスは絶対に与えないようにしてください。与えれば必ず病気になります。アイスと口呼吸で脳炎を発症します。アイスが止められない子は、健康を一生涯あきらめてください。お腹を冷やすことは、大人も子どもも健康を損なう原因につながります。

③この時期の子どもは、12時間ぐらい寝ていても寝過ぎではありません。早寝を心がけてください。夜更かしは免疫系を弱めます。また必ず仰向けで。

④スイミングスクールはもとより、スポーツは子どもにはおすすめしません。スポーツは全般に、口呼吸を助長する危険があり、また関節に負担がかかるからです。

〈学童期から〉

①基本的には幼児期と同じです。食事は口を閉じ、しっかり両方で嚙むこと。冷たいものを多量に食べて、腸を冷やさないこと。よく眠ること。夜更かしをさせないこと。上を向

いて仰向けで寝ること。

②スポーツは無理をさせないでください。

③左右均等に重量がかかるランドセルやリュックがベター。ショルダーバッグなら、一方の肩だけを使わず、持ち変えるように。

④ほお杖《づえ》に注意。あごの骨、歯並びに悪影響を与えます。

⑤寝相《ねぞう》、片噛みなどのクセは顔や歯にゆがみをもたらします。くれぐれもご注意ください。

以上の健康へのしつけと生活習慣、育児、子育ての注意点をぜひ日常の中でご活用ください。

※参考文献：『お母さんは名医』（東洋経済新報社）、『かしこい赤ちゃんの育て方』（日本学校図書㈱アート医研）、『究極の免疫力』（講講社インターナショナル）、『赤ちゃんの進化学』（日本教文化）共に西原克成著

（出典：「子どもたちの幸せな未来　新⑥免疫力を高めて子どもの心と体を守る」）

子どもの歯と矯正

岩附　勝（トーユー矯正歯科院長）

虫歯はなぜできるのか？

虫歯は、虫歯の原因菌であるミュータンス菌などが口の中で一定レベル以下に下がらずに維持されてしまう場合に起きます。ミュータンス菌は生まれたばかりの赤ちゃんの口腔内には存在せず、親などから感染すると考えられていますが、この菌は甘い物があると活発に働いて酸を作ります。これが歯の表面のエナメル質を溶かすのです。歯と歯の間はとりわけ虫歯になるところです。というのは、歯の表面は何かを食べればその食べ物によって流されますが、歯と歯の間はそうした刺激が届きにくいので、きちんとデンタルフロス（歯と歯の間の汚れとり）でとらなくてはなりません。

また、「口呼吸」をしていると極めて虫歯ができやすくなります。これは、唾液には緩《かん》衝《しょう》作用があり、口の中にあることで虫歯になりにくくしているので、唾液が乾燥してしまうと細菌の増殖が始まり、虫歯になりやすくなるのです。「機能矯正装置」を使うと、常に食べ物が口の中にあるような状態になるために唾液が増え、虫歯や歯周病になりにくくなることもわかっています。普通はならない前歯が虫歯になるのは乾燥が原因だといえるでしょう。

子どもの虫歯を予防するのにもっとも効果的なのは、食事と食事の時間をあけることです。口の中の細菌レベルはご飯を食べると上がり、歯を磨くと下がります。ですから、細菌レベルのリズムを「上がったら下げる」という状態にしておくことが大事なのです。上がったままになっている時間が長いと虫歯になる可能性が高くなります。

食間があけば、歯磨きをしなくても唾液の殺菌効果によって細菌の数は減ります。逆に一番虫歯になりやすいのはダラダラ食べです。食べるときはしっかり食べ、食べないときを作ることがキーポイントです。3時のおやつなど、定期的に時間を決めて食べるのはよいと思いますが、虫歯だけを考えるのであれば回数は少ないほうがいいでしょう。

デンタルフロスは大切です。もっとも虫歯ができやすい歯と歯の間には歯ブラシの毛先は入りません。しかし、一回糸でプチンと切れば、細菌の塊《かたまり》であるプラーク（歯垢《しこう》）はとることができます。6～7歳になると大人の歯が出てきますが、大人と子どもの歯の間は虫歯になっては困るところですから、永久歯と乳歯の間はデンタルフロスをすることをお勧めします。6歳くらいになれば自分でもできると思います。

歯磨きを始める時期と磨き方

口の中をガーゼで拭《ふ》くということは、歯が生える前からやらなければなりませんが、自分で歯磨きをすることは、3歳になったら始めてもいいと思います。もちろん、仕上げ磨きはお母さんがチェックしなければなりません。

夜寝る前はできるだけ長い時間磨くといいでしょう。よくいわれる3分間は、子どもにとっては長いかもしれませんが、飽《あ》きるまで磨いてください。歯磨き粉をつけてると泡立ってあまり長く続けられなくなりますから、歯磨き粉をつけないで磨き、最後にほんの少し歯磨き粉をつけて、スーッとした感じを味わうのでもいいでしょう。

歯磨き粉はフッ素入りがよいと思います。フッ素にはリミネラリゼイション、つまり再石灰化という力があります。ごく初期の虫歯であれば、フッ素が届くことによってもう一度石灰化が起きて固くなる、つまり穴が開かなくなります。特に歯と歯の間には効果的です。ただし、フッ素が効果を発揮するためには、歯の表面がきれいになっている必要があります。歯の表面が汚れていてはフッ素は効き目はありません。

3歳以前は、何か食べたら最後に必ず水を飲んだりお茶を飲んで、一回口の中をきれいにし、さらにガーゼなどで拭くのがいいでしょう。少なくとも口の中にそうしたものを入れる習慣はつけておいた方がよいと思います。

歯磨きは、歯を磨くというよりは、歯と歯の間にブラシが届くように注意して磨くと効果的です。食べ物が流れ、その刺激で細菌の層が取れてしまうようなところはあまり磨かなくても大丈夫なのですが、そのような刺激が行かないところに十分な刺激が行くように工夫する必要があります。その点、デンタルフロスは歯磨きではとれない、歯と歯の間の汚れがよくとれます。

磨くタイミングは、食後すぐではなく、食べた後の余韻《よいん》を楽しんでからでも問題ありません。食後は口の中の状況が少し変わっていますから、それが落ちついてからがいいと思います。

また、1日の中で特に大事なのは夜の歯磨きです。朝までの長い時間、口の中は変化が起こりませんから、寝る段階で口の中の菌を減らしておくことが大切です。

歯ブラシは、毛先がしなって細いものを使うといいでしょう。

スポーツ飲料は虫歯の大敵

あまり気にしていないご両親が多いのですが、歯の検診で一番問題になるのは、食べ物より飲み物、特にスポーツ飲料系です。これを習慣的に飲んでいる子どもは、虫歯の罹患《りかん》率《りつ》が非常に高いのです。スポーツ飲料は点滴と同じようなものですから、私たちの体にもいいのでしょうが、虫歯の増殖にも向いています。

甘い物には精神的な依存度がありますから、精神的な安定のために求めやすくなります。しかし、その習慣がついてしまうとすぐ虫歯になります。私がアメリカで患者さんをみていたときに、夜になってもお母さんがりんごジュースなどをあげるまで寝ないという習慣ができてしまった子どもに会ったことがありますが、その子はそれが原因で虫歯を増やす結果になっていました。スポーツ飲料を飲むのであれば、やはり運動とその後に飲むようにしましょう。もし日常的に飲んでいる子どもさんの場合は、必ずお茶や水を後から飲ませる工夫をすることです。

虫歯にならないために私が奨《すす》めている食物は、セルロース（繊維質）を多く含む食物です。そうした食物は噛《か》んでも噛みきれないので噛む訓練になりますし、飲み込むときも飲み込み方を覚えます。最近は口の中に入れておけば溶けてなくなるようなものばかり食べる傾向がありますが、口蓋《こうがい》に食べ物が触れながらのどを通ることに慣れるというのは重要な習慣です。

また、よく噛むと、歯と歯に力がかかり、その刺激が歯槽骨《しそうこつ》というところに伝わります。そして、脳、噛む筋肉、歯、顎関節《がくかんせつ》のフィードバックシステムがスムーズに働くようになります。また、奥歯でしっかり噛むことは下顎角《げがくかく》、つまりエラの部分の発達に重要です。下顎角の発達が悪いと下あごの形が開いてしまい、上下の歯が咬み合わなくなったり、噛み合わせが反対の長い顔をなったりします。また、歯の並ぶ場所も少なくなり、噛み合わせも悪くなります。

生え替わり時期に注意

私は歯科検診で1歳半と3歳の子どもを診ていますが、最近の傾向として、歯の数の異常が極めて目立っています。人類の大きな流れから見れば、親知らずがなくなるなど、歯の数は減る方向にあるのですが、これまでよりも1~2本少ない子どもが目立っています。特に注意が必要なのは下あごで、永久歯の前歯がない場合です。上あごと下あごとが同じように歯の数が減っているのであればバランスとしては悪くないのかもしれませんが、1本ないということは左右のずれも、上下のずれも出てきます。明らかにいろいろな問題を起こすことになるでしょう。

また、私の目から見ると3歳で半分以上の子どもの噛み合わせに問題があると思います。問題の多くはあごの発育の不足です。

虫歯を含め、歯のケアが悪いと、虫歯、歯肉炎、顎関節症などいろいろな問題が出てきます。歯のケアと同じように「歯並びのケア」も重要です。歯並びのケアはケアすべき時期が決まっています。それは、基本的に一番最初の乳歯から永久歯へ替わるときです。この時期さえしっかりおさえれば、それほど大きな問題は起こらないはずです。

生え変わりの順番から考えると、6歳臼歯《きゅうし》が生えてくる時期が大事になります。口の中に虫歯がなく、普通に6歳臼歯が生えてきた場合はだいたい正しい位置に生えてきますが、位置は正しくても、生えるタイミングが問題な場合がしばしばあります。下側の6歳臼歯が先に生えて、その後少なくとも6か月以内に上の6歳臼歯が生えなければいけないのですが、このタイミングがずれると「不正咬合《こうごう》」が始まってしまいます。

上あごと下あごはまったく別の骨ですから、人によって発育はまちまちです。例えば、アレルギーなどがあったり、口呼吸だったり、舌の位置などで、刺激が上あごに伝わりにくい場合は上あごの発育が遅れますので、上の6歳臼歯も遅れて生えがちです。

ただし、遅れても、それが許される範囲の中に入っていれば、見苦しい噛み合わせになることはあまりありません。歯が大きすぎることで、多少ガチャガチャになることはありますが、歯が混み合っていること自体は大きな問題ではありません。むしろ、歯並びはよいけれど、噛み合わせが悪い場合の治療のほうがはるかに大変です。こういったケースでは顎関節症になりやすくなります。

ここで少しだけインプラントとブリッジについて触れておきます。

6歳臼歯は二股に分かれているため、その二股の間にばい菌が入ることがしばしばあります。虫歯や歯槽膿漏《しそうのうろう》に関連した問題で、歯を抜かなければならないケースも出てきます。その場合の選択肢として一般的なのは、ブリッジとインプラントです。小臼歯とその後ろにある第二大臼歯をつなげるか（ブリッジ）、あるいは失った6歳臼歯のところにインプラント（人工歯根）を入れるか、ということです。

ブリッジは、10年くらいの単位であればあまり問題ないと思いますが、大きい歯と小さい歯をつなげていますし、歯は微妙に動いていますから、つなげること自体に本来不自然なところがあります。歯は本来独立していて、ピアノの鍵盤《けんばん》のように別々に動くものです。それをつないでしまうと、ピアノの鍵盤がつながれるのと同じで、片方を押すと、音が出てしまうように、微妙に動いてしまいます。

その点、天然の歯をいじらずに残すという意味では、長い目でみるとインプラントのほうが手入れも含めてよいと思います。歯が成長するまでインプラントはしませんが、子どもの場合、例えばひどい虫歯で歯を失った場合、そこに何かスペースを保つものを入れる必要があります。このときにスペースメインテナー（保隙装置《ほげきそうち》）というものを使うのですが、アメリカに比べると日本ではあまり使われていません。これを使うと、正しく生えてきた6歳臼歯をずらさないで済むので、もっと多用されてもいいと思います。

6〜9歳頃に一度はレントゲンを

ところで、「矯正治療」というと歯並びの治療と受け取られがちですが、むしろ重要なのは噛み合わせの治療です。噛み合わせは歯の問題ではなくてあごの問題ですから、放っておいて永久歯になってからでは治せません。いまは先延ばしにして歪んだまま成長させてしまい、大きくなってから永久歯を何本か抜いて治療するシステムが普通になっていますが、ドイツの矯正学会が作った早期矯正についての指針では、上あごと下あごの発育に差がある場合は可能な限り早く治療しなさい、としています。

機能矯正の必要があるかどうかの判断は、お母さんやお父さんから見て、あごが左右または前後にずれている、または受け口である、というのがわかりやすい目安でしょう。一方、下あごが小さい場合、つまり上あごの中に下あごがすっぽり入ってしまって、嚙み合わせたときに下の歯がまったく見えないような場合は気がつきにくいケースです。実はこの場合は非常に多くの問題を含んでいますので注意が必要です。

小学校に入ると1回目の検診があって、そのときに虫歯のチェックをします。短い時間に行うので、子ども一人一人のバランスまではチェックできないのが現状です。歯が生えてないから悪いということよりも、片方だけ遅いとか早いとか、一人ひとりの子どもの中でバランスがとれているかどうかということが大事なのですが、校医は薄暗い中、短い時間で、たくさんの子どもたちを見なければならないために、なかなかそこまでは行き届きません。

私は、子どもが6~9歳という歯の生え変わり年齢になったら、主治医の先生に相談し、レントゲンを撮って、歯の数に異常がないかどうかチェックするべきだと思います。

歯が生え変わり始める6~7歳に、レントゲンを1回撮れば、永久歯が出てくる速度もわかりますし、上あごが進んでいるのか下あごが進んでいるのか両方進んでいるのか、歯の数は全部あるか、余分な歯があるか、位置の異常はないかなど、さまざまなことがわかります。そして、この子は定期的に観察すればいいのか、急いでやらないといけないのか、1年後でいいのか、という判断もできます。

上あごの発育がいい子、下あごの発育がいい子、左右の生え方もそれぞれみな別々です。必ずしも左右対称でなかったり、根が曲がっていたりといろいろな問題が起きています。それをそのままにしておくと、左右や上下のバランスを大きく崩す原因になることもあります。子どもの歯の根が長いまま残っていたら、診断して抜いて左右のバランスを整える必要があることもあります。この時点では、先生が診断してただ抜くだけで、「歯並び」が悪くなることをある程度改善できます。

よい歯医者さんの見分け方

最後に歯医者さんを選ぶときのヒントを書いておきます。

子どもの歯には、その歯が虫歯になるかどうかということとは別に、永久歯のための場所の確保という大事な役割があります。ですから、虫歯を治療しながらも、その歯が本来あるべき場所をずらさない、あるいはずれを最少限におさえる工夫をしてくれる先生はいい歯医者だといえると思います。例えば歯と歯の間に虫歯があれば、乳歯はその隙間《すきま》に向かって動いてしまいます。すると、その奥に生えてくる永久歯の位置そのものが、初めからずれてしまいます。いったん生えた永久歯を元に戻すのは極めて大変です。悪い歯医者さんは、虫歯という穴だけを見て、それしか治しません。

歯だけを見るのではなくて、顔、舌、唇など、全体を見て判断してくれる先生、子どもの歯の発達の段階がきちんとわかっている先生はよいお医者さんです。歯の状態がその年齢に合っているのか、やや遅れているのか、やや早いのかということが頭に入っていれば、7歳になっても6歳臼歯が生えないなどの異常が早期に発見できます。

何日特別なケアをせず、ただ自然にしていればうまく成長すると思っている親御さんが時々います。野山を駆け巡り、新鮮な空気を吸って生きていけるような環境で育てば別ですが、今では多くの子どもがうまく成長するためには積極的なケアを必要としています。お母さん方の中には、子どもの歯を抜くのをあまり好まない方もいますが、じゃまをしている乳歯のために永久歯の生えるのが遅れたりして、あとから非常に大きな問題になることもあるのです。

また、ぶつけたりして乳歯が癒着する場合もあります。そうなると自然には抜けませんから、そのまま放っておけば永久歯はずっと生えません。明らかに外傷という不自然な力が加わった場合などは、それを元に戻すにはちゃんとした措置が必要です。ただ自然にしておくことがいい、ということではないということは是非知っておいてほしいと思います。

（出典：「子どもたちの幸せな未来　新6免疫力を高めて子どもの心と体を守る」）

子どもを危険な食品から守るために

安部　司（自然海塩「最進の塩」研究技術部長）

添加物はあらゆる食品に入っている！

現在、食品添加物は約１５００種類くらいあるといわれています。そのうち５００種類くらいは日常生活に表示されていますが、残りは一般にはほとんど知られていません。外食をしたり、スーパーやコンビニで冷凍食品を買えば、最低でも5〜6種類の添加物が入っていると考えて間違いありません。私が今日、お昼に食べたサンドイッチには30種類くらいの食品添加物が入っていました。

実際に売られていた「こだわり塩鯖《さば》弁当」のラベルを見てみると、表示してあるものだけでも、アミノ酸等、リン酸塩Ｎａ、ｐＨ《ペーハー》調製剤、甘味料、着色料、アナトー、カロチン、保存料、発色剤、アスコルビン酸ナトリウム、亜硝酸ナトリウム、酸化防止剤など、たくさんの添加物の名前が書いてあります。しかし、私から見るとこれでも実際に使われている種類の半分くらいの表示ではないかと思いますし、表示されているものの中で私にはわからないものもあります。

実際に使われている添加物すべてがわからないのは、一括表示という方法によって、加工に複数の化学調味料を使っても「アミノ酸等」という表示が認められているからです。また、乳化剤という表示はいくつかの乳化用添加物を使ったということであり、一つの添加物ではありません。さらに、加工食品を合わせた弁当などには50～60種の食品添加物が入ることがありますが、これがすべて表示されるわけではありません。

一般の消費者は、ハムやソーセージのような加工度の高い食品はたくさん食品添加物を使っているような気がするようですが、スーパーで売っているポテトサラダやきんぴらには使っていないのだろうと思っているようです。また、例えば、ファミリーレストランで出てくるハンバーグやおかずにも食品添加物を使っていないイメージを持っているようです。

しかし、かつて食品添加物を扱う商社のセールスマンとして、さまざまな食品の開発に携《たずさ》わってきた私のような立場から見ると、パンや惣菜《そうざい》、コロッケもハムやソーセージ、さらには温かいお弁当などもすべて同じことです。

なぜなら、例えばスーパーで売っている惣菜にはおそらく20類くらいの添加物を使っているはずですが、それと同じものを普通のお弁当屋さんでも使っているはずだからです。ファミリーレストランにしても同じことです。しかし、一つひとつのお弁当に添加物についての表示はありません。

それは、「包装した食品は表示しなさい。でも自分で作って売る分（製造物）については表示しなくてもいいですよ」という法律があるからです。

ハンバーグなどは袋に表示されていますが、袋から開けておかずとして使ったとしましょう。それなのに表示をしないのはおかしいと思うかもしれませんが、法律上は開封して小分けにしたり、詰《つ》め合わせをすると製造物になるのです。ですから、仮に冷凍食品を温めて詰めただけのお弁当屋さんであっても製造物であり、直接販売しますから、表示の義務はありません。ファミリーレストランでも同じことです。

よくわからない添加物

一般の消費者に身近な食品、子どもが好きなものの一つに、例えば「タマゴハムカツロール」があります。近所のお店で子どもが好きな食品を聞いて買ってみたのですが、これに含まれている添加物は、パンを作るためのイーストフード、乳化剤、具材にｐＨ調製剤、グリシンなどが表示されていました。pH調製剤とグリシンは他の加工食品でもしばしば見る添加物で、きんぴらなどの惣菜にも使われています。

「pH調製剤というのは何ですか」というのは良く聞かれる質問の一つですが、私にもその中身について正確にはわかりません。ただ、次のようなことはいえます。

例えば、ポテトサラダが1日で酸味が出てしまうのだが、店としては3日から5日は持たせないと弁当のおかずとして使えないという条件があったとします。こうした場合、もっとも簡単なのは保存料を使うことです。保存料にもいくつもの種類がありますが、使用する場合はその食品と使ってもよい量を国が定めています。例えば、「○○という保存料を△△に使う場合は1キロあたり2グラムまでです」というように厳しい使用基準があり、勝手に使うことはできません。

逆にいえば、データ上で毒性の高い保存料は国が厳しく使用を制限しているといってもいいでしょう。ですから、ある食品会社が「うちの明太子はカビが生えやすいから」といって、勝手に強い保存料を使ってしまうと食品衛生法で捕まることになります。

そこで、ポテトサラダを3日から5日もたせるためにに保存料を使いたいと思ったときはどうするかというと、使用基準のない限られた添加物の中から日持ちをよくする効果のある食品添加物を探すしかありません。例えば、日持ちさせるために静菌作用のあるお酢を入れるとします。すると日持ちはよくなっても酸味がついてしまいます。なんとかしなければなりません。そこでpHを調製して食品が酸性になるようにするのです。

pHは酸度を表す表示で、水はpH7で、pH3くらいになると私たちは初めて「酸味」を感じます。つまりpH3になる手前で調整できるような添加物を入れればいいわけです。そこでいろいろな保存効果のある添加物で調整を考えます。ある添加物メーカーは「サラダ日持ち剤」という添加物を作ります。主成分は酢酸《さくさん》ナトリウムですが、そこにいくつかの添加物を5～6種類まぜます。できあがったのは真っ白い粉です。そして、惣菜屋さんに「これを使うとポテトサラダが3日から5日もちますよ」と売り込みます。業者は使うことにします。表示はどうすればいいのか尋ねると「pH調製剤でいいんですよ」というふうになるのです。このような場合、pH調製剤の配合された成分は表示されませんが、複数の添加物が使われていることは「一括表示」の「pH調整剤」ということで、予想できます。

もう一つのグリシンは、アミノ酸のもっとも簡単な成分で、私は毒性はそれほど気にしていません。お米に入れるとつやが出たり、菌が増えるのを防ぎ、保存性もある添加物で惣菜によく使われています。

子どもの好きな無果汁ジュースとは

子どもたちが好きなものに、コンビニや自動販売機で売っているジュースがあります。たいがい「無果汁」と書いてあります。誰もおかしいとは思いませんが、果汁が入っていないジュースとは一体なんでしょうか。

例えば、無果汁のオレンジジュースがあります。これは次のように方法で作られています。

水に赤い色素とレモンイエローの色素を入れて、オレンジ色の色水を作り、酸味と甘みを付けます。酸味は添加物のクエン酸がよく使われています。甘みは液糖（液体になっている糖分）を使います。液糖の原料はでんぷんで、これに酵素を反応させると、ブドウ糖と果糖ができますから、甘いジュースや甘い加工食品には「ブドウ糖果糖液糖」という表示があるのをみかけることもあるでしょう。ちなみに合成色素はすべて石油から作られています。現在は天然系の色素も使われます。

酸味と甘みのあるオレンジ色の色水に、オレンジ香料を入れます。香料にはたくさんの種類があり、レモン香料だけでも熟《う》れたレモンやもぎたてのレモンなど数種類があります。

ジュースメーカーは自分が使う香料の中の添加物に何が入っているかわかりません。香料の中身まで表示する義務がないからです。

さて、家庭でオレンジを搾《しぼ》ると濁《にご》りがでますから、それに倣《なら》って濁り剤も入れます。濁ると本物っぽくなります。こうしてできたのが「無果汁のオレンジジュース」です。

レモン5個分といったジュースはその分の計算した添加物のビタミンCを入れています し、炭酸ガスを吹き込むと「××ソーダ」になります。

果汁30パーセントというジュースの場合は、残りの70%を水だけにするとは水っぽくて飲めないので、同じように液糖、香料、酸味料を加えています。また、コーラなどのようなするどい酸味には酸味料としてリン酸、フマル酸などを使います。

こうしたジュースを飲んでいてもっとも怖いのはカロリーです。私たちは病気になるとブドウ糖を点滴で打ちますが、さきほど書いたように液糖の半分はブドウ糖ですから、ジュースを飲むと、かなりの量のブドウ糖を急激に体に入れることになり、血糖が急に上がるのです。たとえば500ミリリットルの飲料には糖分が10パーセントくらい入っていますから、一本でブドウ糖を25グラム、果糖を20グラム以上摂《と》ってしまいます。砂糖でいうと50グラムほどになります。通常、私たちがブドウ糖を摂るときは、ご飯などの中のでんぷんをゆっくり分解して吸収するのですが、ジュースをがぶ飲みすると多量のブドウ糖、果糖を一度に摂るために、血糖値を調整をするホルモンであるインシュリンが多量に分泌され、血糖の調整のバランスがおかしくなることがあるのです。実際に、ジュースをがぶ飲みする子どもには異常が見つかっていますし、カロリーが高いことも気になることです。ジュースのCMには落とし穴もあります。若い人はノンカロリーという言葉に弱いのですが、ノンカロリーといっても甘みはあります。つまりノンカロリーということは、体に吸収できない合成の甘味料を入れているということです。

肥満にいいとか、飲み過ぎ食べ過ぎた後、疲労回復にいいというイメージのコマーシャルをしている飲料が増えてきましたが、それは体によいといわれているアミノ酸を入れただけのことです。

アミノ酸はタンパク質が分解してできますから、ジュースに入っている程度の量は醤油《しょうゆ》にも入っていますし、味噌の方がもっと複雑なアミノ酸が入っています。ただ、それらはアミノ酸として摂っているのではなく、調味料としてとっているだけのことなのです。つまり、普通の食事をしていれば、こうした飲料水に入っている程度のアミノ酸は簡単に摂ることはできます。

繊維不足の人のための飲料もあります。食物繊維というと野菜をすった後に残る繊維を思うでしょうが、吸収されない炭水化物はすべて食物繊維といいますから、合成された溶ける食物繊維を入れています。

スポーツ飲料は酸味料やグルタミン酸ソーダや無機塩類のカルシウムなどを溶かしています。悪いとはいえないかもしれませんが、さきほど述べたように、ブドウ糖、果糖を急激に多量に取り入れるのは気になります。

私はこうした食品添加物についての基本的なことは、中学の家庭科で教えるべきだと思っています。どの添加物が酸味を出すのかとか、うま味を出す添加物の調味料はどれかというくらいの知識で十分でしょう。

また、「食品添加物は怖いからいやだ」という人もいるでしょうが、加工食品は一方的に押しつけているわけではありません。消費者として自由に選択できるのですが、なぜか多くの人は買ってしまうのです。買ってしまった以上は、添加物に文句をいっても仕方ありません。原材料の表示をよく見て、添加物がいやならば買わない、それしかないと私は思います。

（出典：「子どもたちの幸せな未来　新5早期教育と学力、才能を考える」）

第5章

性と生命の大切さを伝える家庭教育

どうしてますか？　子どもの性（いのち）の教育

北沢杏子（「性を語る会」代表）

性教育は何歳から始めたらよいか

性教育は何歳から始めたらよいかと、よく質問されますが、お子さんが「わたしはどうしても生まれたの？」と訊《き》くようになったら始めましょう。もし、二人目のお子さんを産《う》むような計画《プラン》があったらチャンスですね。「お母さんのおなかの中でいま、どんどん大きくなっていて、もうすぐ生まれるよ」と、上のお子さんを抱き寄せて話すといいでしょう。

性教育――いのちの教育といってもいいのですが――を始める時期は、身体《からだ》の発達に合わせる場合と、大脳の発達に合わせる場合の二つの考え方があります。一般的には前者の考えで行われており、幼児にはファンタジーを、メルヘンを、との主張も少なくありません。「あかちゃんは鸛《こうのとり》が運んでくるのよ」と聴かされて、毎晩、窓辺に鸛の好物の角砂糖を置いて待っている子どもは大人にとっては可愛いく、いじらしい限りでしょうが、嘘《うそ》とわかって失望する子どもの人権について、むしろ考えたいと私は思うのです。

性教育を始める時期ですが、私は大脳の発達に合わせて行っています。人間の精神作用を司っている大脳の神経細胞（ニューロン）は、厚さ2・5ミリほどの薄い新皮質《しんひしつ》と呼ばれる層の中に、約140億個もあるといわれています。身体《からだ》の細胞は成長に伴ってどんどん増えていきますが、神経細胞の数は生まれたとき、すでに備わっている数のまま、増えることはありません。ところが、出生時には400グラムほどの脳の重さが、8歳前後で大人（1350〜1400グラム）の95パーセントにまで増えているのです。

細胞の数が増えていないのに脳の重さが増えるのはどうしてでしょうか。それは一つひとつの神経細胞から出ているたくさんの突起《とっき》がどんどん伸びて、お互いに複雑に絡《から》み合うことで情報の伝達が活発に行われるようになるからです。この絡み合いの複雑さ、つまり大脳の発達段階は、〝0歳から3歳くらいまで〟〝3歳くらいから7、8歳くらいまで〟〝7、8歳くらいから10、11歳くらいまで〟と大きく3つの段階に分けることができます。10歳から11歳くらいになると、ほとんどの絡み合いは終了し、20歳くらいまでゆっくり発達して完成するのです（最近は、完成しないまま大人になってしまった人々も少なくないようですが）。

さて、〝0歳から3歳くらいまで〟の乳幼児は、家族などの身近な人々の感情や行動を無条件に受け入れて真似をすることで、神経細胞の絡み合いが進んでいく時期なので、「模倣《もほう》の時期」と呼ばれています。

3歳くらいを過ぎると、子どもは物事を自分でやろうとしたり、周囲の指示を拒《こば》んだりするようになります。自己主張をし、自分で行動をし始めようとする時期なので、「創造の時期」とか「自我発想の時期」などと呼ばれています。

7、8歳ころからは、特に大脳新皮質（おでこにあたる部分）の前頭前野が発達し、喜びや悲しみといった情操の部分や、思考、創造性——「よりよく生きよう」と考える神経細胞の発達、絡み合いが顕著になるので「情操の時期」と呼ばれます。

この0歳から11～12歳までの三段階に分けられる大脳・新皮質の発達に合わせて、人権の尊重、ジェンダーの平等を基に学びを進めて行けば、それは十分に性教育の目的に合致するはずです。なぜなら性教育の目的は、人権教育であり、ジェンダー*の平等意識を備えた人間形成にあるのですから。

「初経のお祝い」とは？

私はいま、『ピリオド——女の子の話』という一冊の本を書いているところです。

Period を英和辞典で引くと、「周期」とか「終止符」とか「区切り」と出てきますね。そう。少女から女性に成長しようとしている女の子の身体の上に周期的にやってくる生理現象・月経のこと。この本は、10歳から16歳くらいのまでの女の子の質問と私の回答がQ＆A形式で進められています。その中にあるページ——「初めてのピリオド（初経）のとき、お赤飯を炊《た》いて祝うのはどうして？」を転載してみましょう。女の子からの質問は、

Q1　うちのママは、いつでもお赤飯が炊けるようにスタンバイして、毎日「どう？　まだ？」って聞いてくるの。ちょっとウザイ感じ。

Q2　私がピリオドになった日、お赤飯炊いて食卓にごちそうがたくさん並んだ。お父さんが「ほう、おまえも女になったか、おめでとう」っていったので、チョー恥ずかしかったな。

となっています。これを、わが子の成長を喜ぶ親の自然な気持ちだと読み取る方と、なにか違和感を感じる方に別れるのではないでしょうか。私の回答は、次のようなものです。

A1　初めてのピリオド（初経）にお赤飯を炊くという習慣は〝女の子の成長を祝う〟という意味に受け取っている人が多いと思うけれど、かつての封建時代には「うちの娘は結婚してお世継ぎ（家の跡を継ぐ長男）が産めるようになりましたよ」とお赤飯を配って、地域の青年やその親たち、周りの人々に知らせるためだったと『風俗誌』に書いてありま

す。当時は家父長《かふちょう》制といって、その家の名誉や財産を代々長男が継いだので、その名残りだということです。お母さんに、このページを読んでもらうといいですね。

A2　お父さんが「女になったね、おめでとう」といったのは、無意識にいっているんでしょうけど、生まれたときから女の子だもの、〝今さら何よ！〟って傷つくよね。お父さんに、このページを読んでもらおう。

もう一人の女の子は「男の子は初めての射精（精通）があった日にお赤飯炊いたりしないじゃん。どーして、女の子のピリオドのときだけお赤飯なの？　それって不平等！」とも書いています。

このQ&Aを読んで、どう感じましたか？　Qに出てくる母親も父親も、初経を迎えるころの女の子のデリケートな気持ちを推察しようとしない、つまり彼女の人権を無視した言動といえるのではないでしょうか。

自分を大切にする心を育てる性の教育

私はよく、幼稚園・保育園の要請を受けて、園児対象のお話会にも出掛けます。当日は教材として手作りの二十日鼠《はつかねずみ》の縫《ぬ》いぐるみを12匹持って行くんですよ。

「ほら、お母さんネズミとお父さんネズミがいますよ。赤ちゃんネズミはどうして生まれるのかな？」　子どもたちは「仲よくする」とか「チューする」とか「抱っこやおんぶをする」などと口々にいいます。私は、縫いぐるみのネズミをつけた棒を両手に持ち、園児たちの発言に合わせて、２匹がじゃれあったり抱きあったり、おんぶしたりさせます。そして、画用紙を切り抜いて作ったお月さまのような卵子とおたまじゃくしのような精子を合わせ持って、こう語りかけるのです。

「お母さんネズミは、こんな形の赤ちゃんのもとを持っててね、お父さんネズミもこんな形の赤ちゃんのもとを持ってるの。で、２匹が仲よくすると、そのもとともとが〝がったい〟をして、赤ちゃんネズミが生まれるんですよ」。

園児たちには、あらかじめ10匹の子ネズミの縫いぐるみを持たせておき、私の声に合わせて高く掲《かか》げるように促します。

「さあ、何匹生まれたかな？　数えてみて！」。園児たちは大喜びで赤ちゃんネズミを数えます。「では、お父さんネズミに感想を訊いてみましょう」「嬉しい！」「お母さんネズミさん、感想は？」「かわいい」。ここで、みんなの顔を見回して、はっきりいうのです。

「みんなもこうして、お母さんが持っているいのちのもとと、お父さんがもっているいのちのもとが〝がったい〟をして、生まれきたのよ。そして、嬉しい、かわいいって祝福されながら、今日まで育ってきたんですよ」と。

大勢の園児のなかには単身家庭――離別家庭の子や非婚の親の子、また施設から来ている子がいることも想定しておく必要があります。そうした事情はあらかじめ園長さんに聴いておき、「いまは別々に暮らしていても、あなたが生まれたときは両親は愛し合っていたのだ」というフォローが大切なことはいうまでもありません。

小学校低・中学年の子どもたちには、人にはお互いに自分の意思に反して見せられたり、触られたりしてはいけないところがある――と、はっきり教えます。これをプライベート・ゾーンといいます。「自分の身体《からだ》は自分のもの！」という自覚です。これが侵害されれば職場などではセクハラ（性的いやがらせ）となり、恋人間、夫婦間ではＤＶ（ドメスティック・バイオレンス）となることを、親たちも知っておく必要があるでしょう。

タブーが性犯罪を助長する

子どもへの犯罪が増えています。その内容も（公表こそされていませんが）、幼い子どもへの性的犯罪が決して少なくありません。女の子だけでなく男の子も対象にされます。私は小学校低学年の子どもに、紙芝居や人形劇を演じながら「安全教育」の授業も行っていますが、知らない人、または顔見知りの人でも、誘われるままについて行ったら「何をされるのか？」というところまで教えることはタブーとされているのが日本の現状です。
北欧の小学校低学年の性教育教科書には、そのこともきちんと書かれているんですよ。

知らない人から、お菓子やお金をあげるといわれてもついていってはいけません。その人はあなたをひどい目に合わせる悪い人かもしれません。知らない人のほとんどは危険な人ではありませんが、なかには子どもに自分の裸を見せたがったり、子どものプライベート・ゾーン（胸、性器、おしり）を触りたがったりする悪い人もいます。また、めったにいませんが、なかには小さな女の子や男の子をレイプ（強姦《ごうかん》）しようとする人がいます。もしそんなことが起これば、小さな子どもはとても傷ついてしまいます。ですから、知らない人についていってはいけません。知らない悪い人が何をしようとしているかなんて誰にもわからないのですから。

小さい子どもにそんな具体的なことを教えるなというタブーの感覚（性教育でいえば〝寝た子を起こすな〟という感覚）こそ、子どもへの犯罪が次々と起こっている原因の一つでは？　と私は思うのですが。

性教育の現状

小学校中・高学年の子どもたちへの性教育はどうあるべきでしょうか。数年前までは、初経については5年生の女子に、精通については中学1年の男子に教えることになっていました。現在では親世代より体格もよくなり、過剰な性情報の刺激なども加わって初経も精通も早く始まるようになったため、小4の「保健」で〝二次性徴〟とともに教えています。月経は排卵と密接な関係があり、射精は精子の産生《さんせい》と密接な関係があることは、科学的に正しいということはおわかりですね？

子どもたちは自分の身体の成長に伴って起こってくるこの不思議な現象について、「なぜだろう？」と疑問を持ち、質問してきます。女子に排卵や月経が起こること、男子に精子の産生が始まることは、〝種の保存〟という機能が準備されつつあることの証《あかし》です。ここで女性の卵子に男性の精子が「受精」することで、いのちが始まるという説明をしなければ、10～11歳の子どもたちの質問の回答にはなりません。

私は教材として、黒い厚紙に針で穴を明けたものを児童たちに見せながら話します。

「みんなのいのちのもとである卵子の大きさは直径0・14ミリ。この針の穴くらいです」

「わあ！　小さい」とびっくりする子どもたち。「もう一つのいのちのもとである精子は全長0・06ミリ。顕微鏡《けんびきょう》じゃないと見えないくらい小さいのよ。もし、お母さんが卵子をテーブルの上にのせて、お父さんがそれに精子をかけて二人とも仕事に行っちゃったらどうなるかな？」。子どもたちは真剣に考えます。

「風が吹いたら飛ばされちゃう」「掃除機に吸い込まれちゃうよ」と、だんだん心配になってきます。「もし、そんなことになったらみんなは今、ここに存在しないものねぇ。じゃあ、どうしたらいいと思う？」と考えさせた後、「小さい小さい卵子はお母さんのおなかの中の卵管（掛図《かけず》で示す。以下同じ）で待っています。用心深いお父さんは三億もの精子を卵子のそばまで送り込みます。その中の一個の精子が卵子の中に入り込んで受精卵になるの。受精卵は一週間くらいかけて成長分化しながら、お母さんの子宮に降りてきて、約四十週前後育って生まれてくるのです」。

ここで復習――小4、小5になると、二次性徴発現期になって、排卵と月経、精子の産生が始まる。それは将来、新しいいのちを創るためにです。受精は、愛し合う女性と男性の性交によって起こります――とさらっといって結ぶのです。

現在、小学〝保健〟の指導要領では、「性交」について教えてはいけないことになっています。出産の場面の絵本や掛図、ビデオ教材なども児童に見せてはいけないことになりました。ですから、先生方も自主規制して、教えない方々が増えています。

そこで今こそ親の出番！　ところが親も恥ずかしくて、子どもが質問しても答えられないのが現状のようですね。私への一読者からの手紙の一部を転載してみましょう。

私は3人の子ども（12歳、9歳、6歳）を持つ36歳の母親です。近くの図書館で9歳の次女が北沢杏子著の絵本『あかちゃんはどこからきたの？』を持ってきて、「これ読みたい！」というので仕方なく借りてきました。仕方なく、というのは3年前、9歳だった長女がやはり「これ借りる！」と借りてきて困惑したことがあったからでした。

そのときは夫が長女と一緒に絵本を開いて声を出して読んでくれましたが、いよいよその（性交の）ページになると、「お父さんもお母さんもこんなことしたの？」と質問したのです。すると夫は堂々と「したよ」と答え、私は顔から火が出ました。

そして3年後、またもやあのページになると、「お母さんもお父さんとしたの？」と予想通りの質問。あいにく夫は出張中。私はとても照れながら「うん」と答えました。そして恥ずかしい気持ちを乗り越えて、「お父さんのこと、とても好きだから、そんなふうにしてあなたが生まれたのよ」と。

家庭での性教育の実際が想像できる、ほほえましい風景ですね。マンガや雑誌などの過剰で歪《ゆが》められた性情報を子どもたちが目にするのは、10歳くらいでしょう。とすると、その前にこの読者のように、両親がそれぞれ自分の言葉で話すことが望ましいと思います。

もちろん、排卵、月経、精子の産生、射精は、将来子どもを産むためばかりではないことも念頭に置く必要があります。子どもを生まない選択をする夫婦も、不妊症の男女もおり、また同性愛のカップルや性同一性障害の人々もいることもわかっていること。子どもへの話し方には複雑にしない方がいいので、あくまでも教える側の心構えの問題ですが。

10代に蔓延しつつある性感染症

性教育への規制は、年々きびしくなってきています。その例として、ここに挙げるのは、小学5・6年の〝保健〟教科書「エイズ」のページです。2005年の教科書検定前は「HIV（エイズウイルス）は感染している人の血液や精液、ち、つ、から出される液体などが、粘膜や傷口などから入ることでうつります」となっていたのが、検定後は、「HIVは、感染している人の血液などが、傷口などから入ることでうつります」と変更されています。どこが、どういう理由で削除されたかわかりますか？

現在、地球上には4000万人以上のエイズ患者・感染者がおり（すでに死亡した人は

2000万人)、年間500万人が感染または発症しています。工業先進国の中で、感染者・患者が増え続けているのは日本だけで、届出数だけでも1万2000件を越えています。厚生労働省エイズ研究班は、毎年推定3000人が感染、その40パーセント以上が10代、20代の若者層だと警告しました。また、性感染症、なかでもクラミジア感染者は100万~120万人と激増。初交体験の低年齢化に伴って、クラミジア感染者は16歳女子で17・2パーセントと高率になっています。英・独・仏の16歳女子のクラミジア感染者は2~3パーセントですから、その原因として「日本の性教育の規制」「野放しのメディアによる性情報」が挙げられています。

HIV(エイズウイルス)自体の感染力は、受け手が健康で病原体への抵抗力があれば、1パーセント以下と低いのですが、クラミジアやヘルペスなどの性感染症を持っていた場合は、その感染率は5~6倍にも跳ね上がります。*

エイズを含む性感染症の98パーセント以上が性行為でうつることは、ご存じですね? にもかかわらず、小学校5・6年生の〝保健〟の授業では〝性交〟の表現を避けるあまり、単なる「血液感染」としか教えることができないのが現状。心ある先生方はこの矛盾を、よく私に訴えます。

こうして子どもたちは正確な知識を持たないまま、中学生、高校生へと成長していき、ポルノ雑誌やアダルト・ビデオ、アダルト・サイトの影響を受けます。私が取材した産婦人科医で、「街角エイズ・無料検査」を東京の繁華街で月三回開いている赤枝恒雄先生はいいます。「高校生男子の80パーセント、女子の60パーセントは、アダルト・ビデオの真似をしたいと思っている。その結果、10代の間に性感染症が蔓延し、無症候《むしょうこう》であることから将来の子宮外妊娠や不妊症の遠因ともなっているんですよ」と。

エイズをどう教えるか?「子どもの権利条約」*から

ここで、冒頭で述べた0歳から11歳くらいまでの、大脳の発達に合わせた「性の教育」を振り返ってみましょう。女の子の初経が11～12歳ころ、男の子の精通が13～14歳ころ起こるとして、その前に「人権としての性、ジェンダーの平等としての性」を習得しておく必要があることがおわかりでしょう。

中・高生の男女交際において、相手の性を人権として尊重できない10代の子ども、男性優位社会の中で男女平等――ジェンダーの平等の意識を獲得できなかった10代の子どもは、メディアの歪められた性情報に溺《おぼ》れ、望まない妊娠や性感染症、エイズなどの不安に悩まされる不本意な青春時代を過ごすことになるのです。

科学的で感性豊かな性教育を受ける権利と与える義務を、国際条約である「子どもの権利条約」から見てみましょう。

第12条[*]　子どもは自分の考えを表明する権利、いろいろな情報を知る権利がある。

第17条[*]　子どもは有益な本や情報を見たり聞いたりでき、有害な情報からは守られる。

第18条[*]　親は子どもの養育と発達に責任を持ち、子どもにとって何が有益かを考える義務がある。

繰り返しますが、〝子どもの権利条約〟にも謳《うた》われている有害な情報から子どもを守るためには、子どもが有害な情報にさらされる前に、お母さんやお父さんが自分の言葉で、子どもにとって有益な情報を与える必要があると思うのです。

性の話はタブーであるとして一切話さないことも、といって逆に露骨すぎてデリカシーの感じられない教え方をすることも、間違いだと私は思います。子どもが質問したとき、自分が生まれてきたことを嬉しく思えるような、中・高生になった自己肯定観、自尊自愛《じそんじあい》の気持ちが持てるような、そんな子どもを育てるのは、くらしの中での親の考え方、導き方ひとつにかかっているといっても、いい過ぎではないのではないでしょうか。

（この原稿は本書のための書き下ろしです）

※ジェンダー：男女の生物的差異でなく、社会的、文化的に作られてきた性差の意。
※子どもの権利条約：（子ども最優先の原則）国連１９８９年11月採択。日本は１９９４年４月に批准、翌５月発効――世界で１５８番目の締約国であった。
※ＨＩＶ感染：性交、オーラル・アナルＳＥＸ、麻薬、覚醒剤の注射器のまわし打ち、母子感染
※ＳＴＤ感染：性交、オーラル・アナルＳＥＸ、ディープキス（咽頭感染）、母子感染
※第12条締結国は、自己の見解をまとめる力のある子どもに対して、その子どもに影響を与えるすべての事柄について自由に自己の見解を表明する権利を保障する。
※第17条締結国は、マスメディアの果たす重要な機能を認め、かつ子どもが多様な国内的および国際的な情報源から情報および資料、とくに自己の社会的、精神的および道徳的福祉ならびに心身の健康促進を目的とした情報および資料へアクセスすることを確保する。
※第18条締結国は、親双方が子どもの養育および発達に対する共通の責任を有するという原則の承認を確保するために最善の努力を払う。親または場合によって法定保護者は、子どもの養育および発達に対する第一次的責任を有する。子どもの最善の利益が、親または法定保護者の基本的関心となる。（国際教育法研究会訳）

「性」を大切にした出産と生に寄り添って

矢島床子（助産師）

自宅分娩、助産院との出合い

私は看護学校を卒業してから看護婦として病院に勤め、その後、助産婦の資格をとって産科に移り、病院でたくさんの出産に立ち会ってきました。結婚を機に病院を辞めて専業主婦となり、子どもを二人産みました。そして子育てが一段落した36歳のときに、もう一度働こうと助産院を選びました。それが、日本で最初にラマーズ法（疼痛緩和分娩法の一つ）を導入した三森《みつもり》助産院でした。

それまで病院での出産しか知らなかった私には、助産院での出産はショックでした。薄暗く器械らしき物がなにもない分娩室は、病院の分娩室とは全く違います。地域の中にあって夫婦やおばあちゃんの相談から中絶の問題まで、いろいろな相談を受けていました。そして、三森先生が考案した日本の女性に合う呼吸法でコントロールしながら、お産をしていたのです。

その助産院ではときどき自宅分娩（家庭での出産）がありました。もう20年も前のことですが、ある日、先生の鞄《かばん》持ちとして一緒に行くと、玄関と部屋の区別がわからないような一部屋しかないお宅に住む人が、自宅分娩を選んでいました。助産婦として働いていたころの私には、産む場所は病院以外には考えられませんでした。私たちの受けた看護婦教育、助産婦教育には自宅分娩はなかったからです。ですから、それまで見たこともないような普通の部屋でお産できるということは驚き以外の何ものでもありませんでした。しかも、産婦の家族がとてもリラックスしたいい表情で、出産を当たり前のこととして捉え、普通に生活していたのです。

私は、もう自分が子どもを産むことはないと思っていました。しかし、この助産院での出産経験から、もしももう一度産むことがあれば自宅分娩をしたい、ラマーズ法で産んでみたい、と思うようになりました。そして、助産院に勤めて3年目、39歳のときに子どもができたのです。

私は、（もしかしたら……）と思ったときから、「お母さんは妊娠したかもしれないので、みんなに助けてもらって家で産みたい」と話し、自宅分娩を選びました。子どもたちに、お母さんが赤ちゃんを産むことを見て欲しいと思ったのです。それから、上の二人の子の出産のときは夫の全く知らないところで産みましたから、夫にも出産の苦しみを知って欲しかったし、一緒に喜んでも欲しかったのです。

さっそく助産院から出産のビデオを借りてきて小学校4年生（10歳）と6年生（12歳）の子どもたちに見せて、私なりの性教育をして準備を整えました。

当たり前の生活の中で

予定日より10日も早いある日の夜、お風呂から上がると破水しました。そして、陣痛が始まると、夫とＦＭ放送を聞いたり、ラマーズ法の呼吸法をしました。それから二人の子どもを起こして、三森先生を呼びました。

そのころ電気が好きだった長男は電気の本を読みながら私の足を持ち、何分間隔で陣痛が来るか記録しました。次男は一生懸命「おかあさん、がんばって、がんばって」と励ましてくれました。

そうやって明け方、女の子が産まれました。

産後の処置が終わると、三森先生と夫はワインで乾杯し、子どもたちはいつものように学校に出かけていきました。

私は（なあんだ、こんな普通の生活の中でも本当に産めるんだ）と思いながら、とても幸せな気分につつまれていました。生まれたばかりの長女を隣に置いて、うとうとして目覚めるといつもの天井が見えました。夫がかいがいしく台所に立って料理を作ってくれました。自分で歩いていってお茶も飲みました。そうしたことすべてがとても幸せだったのです。

夫はバリバリの会社人間で、育児には絶対に手を出さないような人でした。年子で二人の子どもを産んだとき、私は育児ノイローゼになり、いらいらしてあたったこともありました。ところが、出産を一緒に経験したことで、夫の私に対する気持ちや育児が変わってきました。夫は助産婦という私の仕事を理解するようにもなっていきました。

長男と次男のときは母乳が十分に出なかったこともあり、だんだんと混合からミルクになっていたのですが、3番目の子は絶対におっぱいだけで育てようと思い、1歳半までおっぱいで育てました。母乳育児をする中で女としての幸せというか、いらいらしているときも、子どもを抱きしめておっぱいを吸わせるとすごく幸せになるということも実体験しました。

「お産は病気じゃない、普通のことなんだ」と声を大にしてみんなに話せるようになったのは、この経験をしてからです。

当たり前の生活の中で子どもを産み、当たり前に母乳で育てていけるのだということに、私は女として、助産婦として、初めて気づいたのです。

後に自信を持って自宅分娩をする助産院を開業できたのも、この経験があったからです。そして、夫が私の助産院を手伝ってくれるようになったのも、あのとき、出産を家族で共有体験したことがとても大きかったと思います。

出産は最高の「性」教育

私が20年ほど前に助産院を開業したときは自宅分娩（出張分娩）だけでした。いまでは入院できる部屋もありますが、私たちの助産院では、分娩台に仰向《あおむ》けにくくりつけることはなく、産婦がいちばん産みやすい楽な格好で産むことになります。ラマーズ法の呼吸法さえもいりません。私たちがそばについていることで安心してもらい、自然に産まれるお産によって、お母さんたちはとても満足感のあるお産ができるわけです。

こうした出産には何にも難しいことはありませんが、いったん異常事態が発生したら、素早く判断をして病院に搬送しなければなりません。緊張の連続ですが、いつも産んだあとには乾杯をしています。厳しい顔をした助産婦とカチャカチャという金属音がする部屋で仰向《あおむ》けになって苦しむのではなく、楽しんで喜んで「ごくろうさん」「よかったね」といってお酒で乾杯する。出産後何時間も暗い部屋で一人で過ごすよりも、みんなでにぎやかに祝ってあげた方がずっといいはずです。きっと昔はみんなそうやって子どもを産んでいたのだと思うのです。私はお産を楽しくしたいのです。

自宅分娩の場合は、家族が生活している生活の場で産むわけですから、子どもだけ「あっちに行きなさい」と追いやるのではなく、子どもたちも生活しながら新しいいのちを迎えるのがとても大事だと私は思っています。実際、出産を経験することで子どもたちはとても変わっていきます。

例えば2歳くらいのおっぱいを離れたばかりの子が、お母さんのお産にわけもわからずに一緒にいることがあります。きっと赤ちゃんが産まれたときはショックを受けているのだと思います。しかし、産まれてすぐにお母さんが赤ちゃんにおっぱいを飲ませるのを見ていると、まるで(もうあのおっぱいは自分のものじゃないんだ)とわかったかのように、離れていくケースがほとんどです。たまには(こっちのおっぱいは僕のだ)となることもありますが、でも私には、小さい子どもも小さい子どもなりに自立していくように見えます。

もう少し大きくなった3歳や5歳の子どもたちは、お母さんのそばで赤ちゃんが産まれるのを体験することによって、自立だけでなく〝いのち〟を感じていると思います。その体験が小さい子どもたちの記憶にどれだけ残っているかはわかりません。たぶんそれほど鮮明ではないでしょう。けれども、なんとなくお母さんが寝ていて、赤ちゃんが産まれ、みんながすごく喜んでいたという、そのくらいは記憶していくと思います。そして、お母さんが〝いのち〟を産んだということと、産まれるということを感じ取っていくと思うのです。

そこでは「いのちはすごく大切なものだよ」などと教える必要もなければ、「いのち」という言葉すらいらないのだと思います。

出産を通して「産《う》（まれる）」「生《い》（きる）」「性」、3つの生（性）を伝えることが、私の「性（生）教育」です。だから私は、出産に「立ち会」ってそばで見ているのでなく、「一緒にお産をしてほしい」と思っています。

私たちの助産院では、お産をした本人だけでなく、夫や子どもたちにも書いてもらっている「お産の感想ノート」があります。そこには、「子どもを立ち会わせることがもしかしたらマイナスになるのでないかと迷ったが、やはり立ち会わせてよかった」という感想がたくさん書いてあります。私は出産を子どもたちが体験してマイナスだったということは限りなくゼロに近いと思います。

経済が中心の社会の中で、男性が仕事に行き、女性達は専業主婦になって、子育ては女の仕事として家庭に押し込められていた苦しい時代がありました。しかし、いまは、かなりの男の人が育児に参加するようになり、お父さん子育てや父親にも育児休暇をとらせるところまで来ています。

もちろん夫が育児休暇を取って、子どもの保育園の送り迎えや家事を手伝うのはいいことですが、それでは根本的な解決にはならないのではないかとも思うのです。本当に男の人と女の人が同じ立場で子どもを育てていくためには、男の人も出産を共有することが必要ですし、そうして欲しいと思います。「今日は僕が保育園に迎えに行くよ」ということが当たり前になれば、女の人も子育てがしやすくなるし、社会参加もしやすくなるでしょう。経済的にも子どもを育てやすい世の中になるのではないかなあ、と思います。

地域に根付いた性の相談室として

自宅分娩で生まれた私の3番目の子どもが小学校2年生になったとき、「助産婦さんにお産の話をしてもらおう」という話が私のところに来て、小学校2年生の子どもたちにお産の話をすることになりました。それをきっかけに「子どもたちに性教育を」と思い、あちこちの小学校に出かけるようになりました。

子どもたちにはまず、ドップラー（妊婦さんのお腹の赤ちゃんの心臓の音を聞く機器）を使って、子どもたちの心音を聞かせます。子どもたちが一斉に集中してくるのがわかります。あるときは、ちょうど授業参観に来ていたおばあちゃんに、「おばあちゃんの心音を聞かせてください」とお願いして聞かせてもらうと、小学校2年生の心音とおばあちゃんの心音ではリズムが全く違いました。そこで「赤ちゃんはもっと速いんだよ」といったり、出産のビデオを見せながら「もしかしたら、月がきれいで星がいっぱい出ている素敵な夜に、お父さんとお母さんが仲良くなってね、お父さんのおちんちんが大きくなってね……」、そんな話もしました。「みんなの中には、もしかしたらお父さんとお母さんが別れちゃった人もいるかもわからないけれど、みんなが生まれたときは、お父さんとお母さんはとっても仲がよかったんだよ」。

「みんなは元気に生まれたけれど、私が助産婦をして生まれてきた子どもの中には、体に障がいを持って産まれてきた子もいました。けれど、どんな子でもお母さんは一生懸命に産んできたし、赤ちゃんは一生懸命に産まれようとしたんだよ」という話から障がいについての話をしたこともあります。

私なりに〝いのち〟や〝生きる〟といったことを伝えようとしてきました。いろいろな性教育をする人がいると思いますけれど、わたしは助産婦として、いのちを伝えるところから性教育をしたいと思っています。

こうした活動を通して、私たちの助産院を拠点とした、この地区の性教育をしていきたいと思っていますし、できたら、小さい子どもも大きな子どもも、女の子も男の子も、性についての悩みがあるときはいつでも、「おばさん！」といって話に来てくれるような存在になりたいと思っています。

（出典：「子どもたちの幸せな未来 3どうしてますか？ 子どもの性教育」）

汐見稔幸（しおみ としゆき）

白梅学園大学学長。1947年、大阪府生まれ。東京大学大学院教育学研究科博士課程修了。東京大学大学院教育研究科教授、東京大学教育学部付属中等教育学校校長などを経て、現職。専攻は教育学、教育人間学。子どもは３人。育児問題に関心を広げる中で赤ちゃんの科学に関心を持つようになる一方、現代の女性、男性の生き方とその関係のあり方、家族問題などもテーマにしている。

著者は『０～５歳素敵な子育てしませんか』（旬報社）、『世界に学ぼう！子育て支援』（フレーベル館）、『おーい父親』（大月書店）、『はじめて出会う育児の百科』（小学館）など多数。

見尾三保子（みお みほこ）

清泉女子大学国文学科卒業。1958年、神奈川県藤沢市片瀬の自宅で夫と学習塾「ミオ塾」を開く。夫の没後も塾を経営しながら３人の子どもを育て、現在に至る。

ミオ塾に通う小学生から大学受験生まで、約80名の約２割は卒塾生の子どもたちで、オリジナルの教材を使用しながら、子どもの好奇心に沿って才能を引き出す教育を実践している。著書に『お母さんは勉強を教えないで――子どもの学習にいちばん大切なこと』（草思社）がある。

小西行郎（こにし ゆくお）

1947年香川県生まれ。主な研究分野は新生児の脳機能画像、新生児の発達行動学。京都大学医学部卒業後、福井医科大学小児科助教授、オランダ・フローニンゲン大学に留学。埼玉医科大学教授を経て、現在は東京女子医科大学乳児行動発達学教授。日本赤ちゃん学会理事長。日本乳児行動発達研究会、文部科学省の「脳科学と教育」プロジェクトにも携わる。

著書に『赤ちゃんと脳科学』（集英社新書）、『知っておきたい子育てのウソ・ホント50』『赤ちゃんのしぐさBOOK』（海竜社）、『早期教育と脳』（光文社新書）、『赤ちゃんのしぐさ辞典』（共著、学習研究社）などがある。

内田幸一（うちだ こういち）

1953年東京生まれ。和光大学教育人間学科卒業後、東京都渋谷区の幼稚園で４年間保育者として勤務。82年長野県飯綱高原に引っ越し、翌83年４月より６人の子どもたちと一緒に「子どもの森幼児教室」を始める。自然と子どものつながりを基本に体験を重視する保育を実践する。

2005年、学校法人いいづな学園設立。「こどもの森幼稚園」「グリーン・ヒルズ小学校」「フリースクールグリーン・ヒルズ中学部」の学園長兼法人理事長。現在も飯綱高原に在住し、NPOこどもの森トラスト、長野市子育て支援センター「じゃん・けん・ぽん」、長野チャイルドラインながの、などの代表を務める。

佐々木正美（ささき まさみ）

1935年群馬県生まれ。児童精神科医。川崎医療福祉大学教授。30年以上にわたり、保育園、幼稚園、学校、児童相談所、養護施設、保健所など子どもの臨床にたずさわる。また、保育の現場で働く保育士さんや幼稚園の先生方などとの勉強会をつづけている。自閉症に優しい環境作りや子育てに悩む親や保育士との勉強会など、一貫して現場での活動が顕彰され、2004年度の朝日社会福祉賞を受賞した。

著書に『子どもへのまなざし』『続・子どもへのまなざし』（福音館書店）、『過保護のススメ』（小学館）、『「お母さんがすき、自分がすき」と言える子に』（新紀元社）など多数。新刊に『子どもの成長に飛び級はない』（学研）、『抱きしめよう、わが子のぜんぶ』（大和出版）がある。

吉良 創（きら はじめ）

1962年東京生まれ。自由学園卒業。88年から92年までドイツに留学、ヴィッテンのヴァルドルフ幼稚園教師養成ゼミナール修了後、シュタイナー教育の音楽教育、マンネマリー・ローリングのもとでライアー演奏を学ぶ。

95年の南沢シュタイナー子ども園開園時よりクラス担任を続ける一方、ライアーの指導・演奏も行っている。

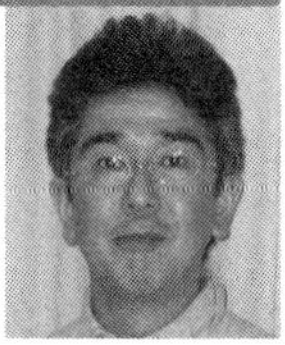

著書に『シュタイナー教育　おもちゃと遊び』『シュタイナー教育の音と音楽　静けさのおおいの中で』『シュタイナー教育のまなざし』（全て学習研究社）がある。

毛利子来（もうり たねき）

小児科医。1929年千葉県生まれ。毛利医院医師。東京の原宿で医院を開業するかたわら、子育てについての著作や講演を行い、“タヌキ先生”の愛称で親しまれている。『新エミール』『いま、子を育てること』（ちくま文庫）、『赤ちゃんのいる暮らし』『幼い子のいる暮らし』（筑摩書房）、『生きにくさの抜け道』（岩波書店）、『子育ての迷い解決法、10の知恵』集英社、『父親だからできること』（ダイアモンド社）など多くの著作がある。

青山 繁（あおやま しげる）

1957年生まれ。26歳で保育、幼稚園免許取得後、３年間東京都内にて保育園勤務。その後、長野市内で２年間保育園勤務した後、故郷の三水村に戻り、３年間かかり自力で山を切り開き、園舎を建設。92年、幼児教室　大地開園。現在、特定非営利活動法人「大地」理事長。

高木紀子（たかぎ のりこ）

臨床心理士。東京都台東区・府中市３歳児健診心理士、国分寺市の教育相談室などで多くのお母さん方と接し、親身に相談にのっている。また、白百合女子大では６年にわたり学生相談も行ってきた。山村学園短期大学非常勤講師。東京都公立中学校スクールカウンセラー。現在、２男１女の３人の子どもを子育て中。

西原克成（にしはら かつなり）

西原研究所所長。1971年、東京大学大学院医学系博士課程修了。医学博士。生命進化の法則を実験で検証するとともに、その成果を臨床応用し、免疫病の治療に大きな成果をあげている。人工骨髄と人工歯根の開発でも世界的に有名。

主な著書は『究極の免疫力』（講談社インターナショナル）『アレルギー体質は口呼吸が原因だった』（青春出版社）ほか多数。

岩附 勝（いわつき まさる）

1978年、日本大学歯学部卒業。90年ボストン大学大学院卒業、ハーバード大学研究員として就職。91年帰国。現在、トーユー矯正歯科（東京都国立市）・トーユー歯科（東京都日野市）院長。メキシコ州立大学矯正科客員教授、インターナショナル矯正学会日本代表、アメリカ機能矯正学会日本代表、日本矯正学会会員、ヨーロッパ矯正学会正会員、日本呼吸法学会代表。

安部 司（あべ つかさ）

1951年福岡生まれ。添加物および食品商社勤務を経て、食品研究所を設立。100品目以上の加工食品の開発や、海外での加工食品の技術指導を行う。「添加物の問題は、生産者・流通業者・消費者すべてに原因あり、公開して選択」と警鐘をならしている。現在は㈱最進の塩　研究技術部長。著書に45万部のベストセラー『食品の裏側』（東洋経済新報社）がある。

北沢杏子（きたざわ きょうこ）

1965年から性教育を中心とする研究、著述、海外取材、講演、評論活動などを展開し、全国の小中高校、大学の要請による公開講座やゼミを行う。また、ビデオを含む200余点の性教育、エイズ教育、薬物乱用防止教育、環境教育教材を自主制作し、文部大臣賞、教育映画祭最優秀賞、人権賞などを受賞。「性を語る会」代表。『こんにちは！　からだとこころのシリーズ全３巻』『ティーンのからだ・こころ・愛　上下巻』（アーニ出版）、『ティーンのからだ・こころ・いのちの絵本シリーズ全８巻』（岩崎書店）など多数の著・訳書がある。

矢島床子（やじま ゆかこ）

助産師。1970年助産婦の資格を取得。病院の産科での勤務を経て、81年よりラマーズ法を日本に広めた三森助産院に勤める。病院での出産と全く違う様々な出産のかたちを経験し、「本当の助産師」に目覚める。

90年、“産む女性と生まれる子どもが主人公のお産”を目指して、東京国分寺市に「母と子のサロン　矢島助産院」を開業。著書に『助産婦』（実業之日本社）がある。

子どもたちの幸せな未来ブックス5
親だからできる5つの家庭教育

2006年6月20日 第1刷発行
2007年12月22日 第2刷発行

企画――――――（株）パンクリエイティブ
プロデュース――――――柴田敬三
編集――――――戸矢晃一
営業――――――岡田直子
発行人――――――高橋利直
発　売――――――（株）ほんの木
〒101-0054 東京都千代田区神田錦町3-21 三錦ビル
Tel. 03-3291-3011　Fax. 03-3291-3030
http://www.honnoki.co.jp/
E-mail　info@honnoki.co.jp
競争のない教育と子育てを考えるブログ　http://alteredu.exblog.jp
©Honnoki 2006 printed in Japan　ISBN978-4-7752-0039-1
郵便振替口座　00120-4-251523　加入者名　ほんの木
印刷所　中央精版印刷株式会社

1 もっと知りたい、シュタイナー幼児教育

芸術教育や情操教育として注目のシュタイナーの幼児教育をわかりやすく特集しました。

＊幼稚園26年間の実績から学ぶシュタイナー幼児教育
＊「シュタイナー教育相談室」など

【主な登場者】高橋弘子さん（那須みふじ幼稚園園長）／吉良創さん（南沢シュタイナー子ども園教師）／大村祐子さん（ミカエル・カレッジ代表）他

2 育児、子育て、自然流って何だろう？

先輩ママの実践した自然流子育てで子どもはどう成長するか、親としての心構えなどをご紹介します。

＊自然な育児、子育て、基本の基本
＊私の実践した自然流子育て〜そのポイントと生活スタイル　など

【主な登場者】真弓定夫さん（小児科医師）／はせくらみゆきさん（アートセラピスト）／自然育児友の会／西川隆範さん（シュタイナー研究家）他

3 どうしていますか？　子どもの性教育

誰もが子育てで一度は悩む、子どもと性の問題を家庭でどのように解決していくかがよくわかる特集です。

＊「性」を通して子どもたちに伝えたいこと
＊性教育アンケート　など

【主な登場者】北沢杏子さん（性を語る会代表）／矢島床子さん（助産師）／小貫大輔さん（東海大学准教授）他

子どもたちの幸せな未来シリーズ第1期

4 子どもたちを不慮のケガ・事故から守る

子どもの死亡原因の1位は不慮の事故。思いがけない事故の予防策について実践的、具体的に紹介します。
＊不慮の事故はどうして起こるか
＊ケガ・事故を未然に防ぐ工夫　など

【主な登場者】ウテ・クレーマーさん（ブラジルシュタイナー共同体代表）／大村祐子さん（ひびきの村ミカエル・カレッジ代表）／安部利恵さん（栄養士）他

5 見えていますか？　子どものストレス、親のストレス

少しでも楽しくストレスのない環境でゆったりと子育てする方法を特集。
＊子どもにストレスを与えないシュタイナー幼稚園の環境づくり
＊自分を受け入れることから始める子育て　など

【主な登場者】鳥山敏子さん（賢治の学校教師）／菅原里香さん（こすもす幼稚園教諭）／岩川直樹さん（埼玉大学教育学部助教授）他

6 子どもの心を本当に育てる、しつけと叱り方

子どもをうまく育てたいと思えば思うほど考え込んでしまう叱り方、しつけ方。心を育てる叱り方、しつけ方について考えました。
＊大人の真似から「しつけ」は始まる
＊わたしの叱り方　など

【主な登場者】堀内節子さん（にじの森幼稚園前園長）／森田ゆりさん（エンパワメントセンター主宰）／汐見稔幸さん（白梅学園大学学長）他

子どもたちの幸せな未来「第1期」全6冊　●B5サイズ・64ページ
●各号定価1400円（税込・送料サービス）●6冊セット割引あり。詳細はほんの木まで。

7 心と体を健やかに育てる食事

素材や栄養価にこだわりながら、食事が楽しくなる食卓づくりと食育の基本を学びます。

＊食卓から始まる健康子育て
＊知って得する野菜の豆知識　など

【主な登場者】東城百合子さん（自然療法研究家）／大住祐子さん（シュタイナー医療研究家）／大澤博さん（岩手大学名誉教授）／大澤真木子さん（東京女子医科大学教授）他

8 お話、絵本、読み聞かせ

絵や写真のないお話だけを聞くことで子どもの想像力は育ちます。お話には、子どもの心と想像力を育てる力があります。

＊お話が育てるこころと想像力
＊こどもの好きな絵本　など

【主な登場者】高橋弘子さん（那須みふじ幼稚園園長）／としくらえみさん（シュタイナー絵画教師）／赤木かん子さん（子どもの絵本の専門家）他

9 シュタイナー教育に学ぶ　子どものこころの育て方

温かい心を持った子ども、優しい心を持った子ども、目に見えない「こころ」の育て方を特集しました。

＊子どもの内面への信頼
＊子どもがほんとうに安心できる場所　など

【主な登場者】高久和子さん（春岡シュタイナー子ども園教師）／森章吾さん（シュタイナー小学生クラス教師）／山下直樹さん（治癒教育家）他

子どもたちの幸せな未来シリーズ第2期

10 子育て　これだけは知りたい聞きたい

子どもを見るってどう見ればいいのでしょうか？　子どもの成長・発達、子どもの幸せをトータルに考えます。

＊子育てが下手でも恥ではない
＊母親の食事が子どもを育てる　など

【主な登場者】小西行郎さん（東京女子医科大学教授）／正高信男さん（京都大学霊長類研究所教授）／宗祥子さん（松が丘助産院助産師）／安保徹さん（新潟大学大学院医学部教授）他

11 子どもの感受性を育てるシュタイナーの芸術体験

子どもの好奇心をつぶさないでください。シュタイナー教育を中心に子どもの形成力を高める芸術を体験に基づいて学びます。

＊シュタイナー教育における芸術
＊色を体験することの大切さ　など

【主な登場者】大嶋まりさん（東京シュタイナーシューレ）／高久真弓さん（オイリュトミスト）／見尾三保子さん（「ミオ塾」代表）他

12 年齢別子育て・育児、なるほど知恵袋

子どもの成長を知って、余裕ある子育てをするための方法、子どもの年齢に応じた育児を特集しました。

＊余裕のある子育てを
＊シュタイナー教育による「子どもの年齢に応じた育児」など

【主な登場者】汐見稔幸さん（白梅学園大学学長）／真弓定夫さん（小児科医師）／山口創さん（聖徳大学講師）他

子どもたちの幸せな未来「第2期」全6冊　●B5サイズ・64ページ
●各号定価1400円（税込・送料サービス）●6冊セット割引あり。詳細はほんの木まで。

① 共働きの子育て、父親の子育て

子どもと一緒にいる時間が少ない、十分に子どもの面倒が見られないと悩みや不安を抱える親御さんが少なくありません。共働きの家庭や父親の子育てへの参加について考えます。

【主な登場者】毛利子来さん（毛利医院医師）／佐々木正美さん（児童精神科医）／正高信男さん（京都大学霊長類研究所教授）／赤石千衣子さん（しんぐるまざあずふぉーらむ）他

② 子どもの健康と食からの子育て

子どもたちの体が年々弱くなっています。また、子どもの行動や心にも、かつて見られなかった不可解な兆候が現れています。今日からできる健康な食育のポイントを提案します。

【主な登場者】幕内秀夫さん（栄養管理士）／神山潤さん（小児科医）／原田碩三さん（兵庫教育大学名誉教授）／山田真さん（小児科医）／藤村亜紀さん（陽だまりサロン主宰）他

③ 子どもの心と脳が危ない！

テレビやゲーム、パソコンなどが子どもに及ぼす影響について、小児科医や脳科学者、幼児教育者らが声をあげ始めました。テレビやゲームとの安心安全なつき合い方の特集です。

【主な登場者】佐々木正美さん（児童精神科医）／森昭雄さん（日本大学教授）／吉良創さん（南沢シュタイナー子ども園教師）／内海裕美さん（小児科医）／神山潤さん（小児科医）他

●お申込み　ほんの木　TEL.03-3291-3011 FAX.03-3291-3030
〒101-0054東京都千代田区神田錦町3-21　三錦ビル

④子どもを伸ばす家庭のルール

十分な睡眠や友達と一緒の遊びや運動、家族と一緒に三度の食事をとること…こんな当たり前のことの積み重ねだけで、体力、気力、知力、学力が育つのです。

【主な登場者】陰山英男さん（立命館小学校副校長）／片岡直樹さん（川崎医科大学小児科教授）／廣瀬正義さん（食と教育研究家）／秦理絵子さん（オイリュトミスト）他

⑤早期教育と学力、才能を考える

おけいこごとを始める平均年齢は2・5歳。でも待って下さい。まわりから置いて行かれないようにと通わせているおけいこごとが、子どもをダメにしてしまうこともあります。

【主な登場者】汐見稔幸さん（白梅学園大学学長）／高田明和さん（浜松医科大学名誉教授）／吉良創さん（南沢シュタイナー子ども園教師）／グレゴリー・クラークさん（多摩大学名誉学長）他

⑥免疫力を高めて子どもの心と体を守る

アトピーやアレルギーなど子どもの病気は、正しい鼻呼吸、睡眠、冷え予防、食事などに関係しています。日々の生活習慣で大切なことを、健康の視点から特集しました。

【主な登場者】西原克成さん（西原研究所所長）／東城百合子さん（自然療法研究家）／岩附勝さん（トーユー矯正歯科院長）／清川輝基さん（子どもとメディア代表理事）他

子どもたちの幸せな未来「第3期」全6冊　●A5サイズ・128ページ
●各号定価1575円（税込・送料サービス）●6冊セット割引あり。詳細はほんの木まで。